RESEARCH ON MODERN CHINESE PARENTHESIS

现代汉语插入语研究

司红霞 著

XIANDAI HANYU CHARUYU YANJIU

东北师范大学出版社

长 春

图书在版编目（CIP）数据

现代汉语插入语研究/司红霞著. —2版. —长春：东北师范大学出版社，2015.3（2025.7重印）
ISBN 978‐7‐5681‐0321‐3

Ⅰ.①现… Ⅱ.①司… Ⅲ.①汉代汉语—插入成分—研究 Ⅳ.H146.3

中国版本图书馆CIP数据核字（2015）第269385号

□责任编辑：魏芳华　　□封面设计：李冰彬
□责任校对：刘　芳　　□责任印制：张允豪

东北师范大学出版社出版发行
长春净月经济开发区金宝街118号（邮政编码：130117）
网址：http：//www.nenup.com
东北师范大学出版社激光照排中心制版
河北省廊坊市永清县晔盛亚胶印有限公司
河北省廊坊市永清县燃气工业园榕花路3号（065600）
2015年3月第2版　　2025年7月第3次印刷
幅面尺寸：148mm×210mm　印张：8　字数：200千

定价：48.00元

序　言

材料是学术之根　事实是理论之源

李宇明

　　司红霞对插入语的研究，我是熟悉的。从选题分析、相关研究成果梳理、语料搜集，到论文撰写和答辩，我都在尽导师之职。但是，翻阅她《现代汉语插入语研究》的清样，仍然充满兴致。

　　她平时用心积累，又利用了语料库，收集到如此丰富的插入语材料。她对270余个插入语进行了详细描写，发现大多呈动词性，中心词多由"说"、"看"、"想"之类充当。她探讨了能够虚化为插入语的若干形式条件，用语法化过程来解释插入语的语义虚化及凝固性，并将插入语的本质功能概括为表达语言的主观性，从而将插入语的研究带进了现代语言理论的话语环境。

我的兴致，当然来自司红霞论文传输给我的关于插入语的研究成果，当然还包括我所了解的她从事研究的艰辛。但这只是一个"消极的文化消费者"的兴致。一篇好文，一部佳作，不应只传授知识，还应给人以启迪，发人以深思，亦即培养"积极的文化消费者"。我对《现代汉语插入语研究》的阅读兴致，更在于著作对我引起的关于汉语语法学发展的思考。

自1898年《马氏文通》出版算起，中国语法学已经走过了110年的历程。百余年来，语法理论数变，语法体系数建。在这数变的语法理论指导下，发掘出大量的汉语语法事实，抽绎出一些重要的汉语语法规律，并将其归置在这数种语法体系中。但时至今日，不能不遗憾地说，对汉语事实的了解仍相当有限，语料收集不全面，语料观察不充分。司红霞所呈现出的插入语新语料，便是这一判断的脚注。理论的引进、观念的嬗进、演绎性思维，对语法学进展的重要性，怎么强调都不过分；但是最终促进语法学发展的，特别是产生可以影响他人、可以进入普通语言学层面的语法理论，还是靠对语法事实的全面搜集和充分观察。材料是学术之根，事实是理论之源。

红霞能够发现如此之多的插入语新材料，得益于她新的语法观念。这新的语法观念就是超句法。传统的句法分析，插入语在小句中的结构作用很弱，甚至在句法分析的准备程序中，它就是要先被修剪掉的杂碎，因此引不起传统语法学家的兴趣，事实搜罗用力不够，研究自然也不可能系统深入。而插入现象在超句法领域中则具有重要价值，从形式上看，对句子成分、小句或是句子具有关联作用，从意义和语用方面考察，则多是指向核心句的。传统语法学把句子看作线性结构，而就插入语的指向来看，句子应是双层的，甚至是多层的立体表达系统。须要强调的是，超句法在汉语中十分重要，汉语的复句基本上属于超句法现象。"走走停停，停停走走"这样的复叠结构，以及许多篇章结构现象，也都属于超句法范畴。对形态不怎么丰富的汉语来说，只研究词法和句法，显然不足。

发现新语料还需借助新手段，语料库便是这重要的新手段。它极大地扩展了研究者的观察视野，较之于通过阅读搜集例句，通过语感创造例句，具有显而易见的优越性。而且，语料库能提供多种统计数据，为认识语言现象提供量化参考。语料库对语言学的帮助，还未被学界充分认识，未被学界充分利用。如何建设语料库，如何利用语料库，如何将语言学成果很好沉淀到语料库中，是学界应积极思考的了。

为学务守恒定之心，脚踏实地，坐得住冷板凳，不事招摇，有花自有芬芳。正如春之玉兰，有《南乡子》曰："倦诵花间词，未曾望绿芽帮衬。风送晚香君细品。羞招摇，懒惹蜂蝶乱芳心。"

于北京惧闲聊斋

摘　　要

　　以往传统的语言研究中，人们对插入语的认识主要集中于插入语的语义类别以及表意功能。插入语到底是什么样子，包括哪些语言形式，它们以什么样的状态存在，语言中为什么存在这种语言形式，还有它们最初是什么样的语言形式，在语言运用中又会呈现什么样的发展趋势，这些问题至今还没有人能全面而深入地论述清楚。

　　近年来语言学的理论尤其是话语语言学的发展，为我们重新认识这一语言现象提供了新的视角。语料库语言学也为这项研究提供了一种更强有力的研究方法。

　　长期以来，语言分析都是将句子作为上限单位，插入语的研究也是如此，插入语被看作句子结构的特殊的一部分；研究插入语的方法往往是从直觉出发的定性研究，这些都使插入语的研究没有突破。

　　本书将从语料库中的语料出发，从语篇分析的视角切入，考察包含插入语的语篇，采用统计，尤其是抽样统计的方法，力图更加清晰而全面地认识插入语。

首先我们通过全面考察各种插入现象，对我们的研究范围作出了界定，确定了研究对象。即我们要研究的是C＝凝固结构或半凝固结构的插入语。这是一类具有同质性的典型的插入语。总结出插入语形式上的总体特点：相对凝固性、附着性、语义的非命题性。从而将插入语与词、与短语、与惯用语、与插入成分、与关联词语、与话语标记等区分开来。笔者认为，插入语既不同于一般短语，也不同于词，是一种类似于熟语的语言的固化成分。

这些固化成分在语言中存在的价值，是本书着力阐述的重点。为此，本书从内在组合形式、外部语法分布、语义特点、语用功能及来源等多角度进行了描写和解释。

本书对270多个插入语的内在组合形式进行了详细的描写分类，发现它们在组合形式上的共同特点，即大多数插入语在形式上呈现出动词性，而且其中心词大都由"说"、"看"、"想"、"知"之类的动词充当，其中大多涉及第一人称、第二人称，而完全没有第三人称。这些组合形式上体现出来的倾向性为进一步探索插入语的来源提供可能。

本书还描写了插入语的外部语法分布。从核心句和插入语的关系切入，在语料统计和分析的基础上，动态地描写了插入语的外部环境即语法分布。主要从三方面来考察：其一，根据插入语和核心句结合的紧密度，将插入语分为独立性插入语和黏着性插入语，并初步总结出插入语独立使用的规律；其二，根据插入语在核心句中的作用，将插入语分为连接性插入语和非连接性插入语。连接性的插入语在核心句中，具有预测语篇中其他成分出现的功能，对核心句的两部分的关系起强化作用；而非连接性插入语在核心句中没有上述功能和作用。在研究中，笔者还发现有些插入语兼有连接性和非连接性两种不同属性。这为研究插入语的语法化提供了依据。其三，考察了插入语在核心句中的位置。一一般来说，连接性插入语的位置是固定的，我们称之为定位的插入语。其中有的居于核心句的两部分之间，这叫做后项插入语，也有的连接性插入语居于整个核心句之前，这叫做前项插入语。非连接性插入语的位置有的是定位的，如少量的插入语只能位于句中。大部分的位置是不定位的、灵活的。其中有的插入语以句首为优势位置，还有的插入语兼有句首、句中两个位置。我们对部分插入语的位置进行了抽样统计，提供了数据上的佐证。

对插入语进行语义分类是插入语研究的重点，历来分歧较大。通过对插入语中数量较大的"说"类等插入语的观察，笔者认为，插入语的语义是一种整体凝固的虚化的语义，这种语义来源于插入语的中心动词的意义发生虚化；插入语的语义更多地受语境的影响，体现为一种语用功能意义。在这个基础上，我们明确了插入语的本质功能——表达语言的主观性，并将插入语分为主观性插入语和交互主观性插入语。这就是插入语在语言中存在的价值。插入语的其他功能都依附于这种功能。这是本书强调的重点。

语言现象，确切地说，言语现象，既有客观的一面，也有主观的一面。由于说话人事实上总是和话语共同存在，他的主观意向、目的、观念就不能不烙印在话语中。笔者认为，说到底，插入语是一种表达语言主观性或者交互主观性的语言成分，它们附加在表示理性意义（逻辑意义）的核心句之上，帮助核心句加强、凸现和关注交际的双方：说话人和听话人。对于"说话人"来说，主要是直接通过"我"或者"内在的我"发表自己的观点，表述自己的感情，阐明自己的立场，对事件进行评价等；对于"听话人"来说，为了提高交际的效果，说者将注意力强烈地聚焦于"听话人"，以求得双方的互动：或者提醒听者注意自己的话，或者同听者商量，希望对方接受自己的观点，或者对听者进行一系列的言语行为——警告、辩解、告白等等。

笔者认为，这就是插入语存在的价值。插入语具有主观性功能是我们对插入语的语义的一个总体概括，也是对以往纷繁复杂的语义研究的一个总结。

从这个观点出发，我们可以解释为什么插入语不是插在句子中间而仍然被认定为插入语。那就是因为，这些表示主观性的插入语本来就和核心句不在一个表达的层面上，核心句倾向于表达理性意义或者逻辑命题意义，而插入语则代表"言者主语"的存在。这时语言的表达系统不是一个线条性的单层结构，只传达客观事理和信息，而是一个双层的，甚至是多层的立体的表达系统，用于同时传递客观事理、信息以及主观观点、情感。

从这个观点出发，我们也能解释为什么插入语的语表形式那么复杂，我们仍然把它们归为一类。由于语言的实体形式言语只能以线性形式存在，表达语言主观性的语言成分就在语境作用下不断被压缩，从语表形式上看，就是从表示命题的插入成分压缩为动词短语，再从动词短语压缩成为我们称之为"固定短语的"的成分。但是，无论形式如何变化，插入语表达主观性的功能未变，它们就属于同一类。

最后，根据插入语组合形式上的突出特点，本书还探究了插入语的来源，笔者认为，插入语是语言中的某些形式经过语法化而来的，一般来说，只有符合以下几项条件的语言形式才能虚化为插入语：

1. 带VP的主谓结构、连动结构（句法限制）；

2. 动词应该是表示言说、感知、思想意义的动词（语义限制）；

3. 如果有主语，则应是第一人称或者第二人称的单数（语义限制）。

本书全面地研究了现代汉语中的插入语，界定了它的性质，从语表、语法、语义、语用功能几个方面深入地描写了插入语，并初步进行了理论的解释。

Abstract

In traditional language research of the past, people's perception of parenthesis mainly focused on its functions and semantic classifications. What on earth is parenthesis like, what language forms does it take, how do these forms exist, why certain forms can exist in language, what are their primary forms, and what are their tendencies of development in language use? Till now, few people can expound these questions wholly and thoroughly.

In recent years, the development of linguistic theories, especially the development of discourse linguistics, has provided new perspective for us to comprehend this language phenomenon anew. Corpus linguistics has also equipped this research with a more powerful research method.

Over a long period of time, language analysis has set sentence as the upper unit limit, so has been the research on parenthesis. Parenthesis has been regarded as a special part of sentence; parenthesis research methods have mainly been qualitative instinctive ones, which all failed to make breakthrough in this research.

Based on language corpus materials, this book explores into texts with parentheses from the perspective of text analysis, taking statistic method, especially sampling statistic method, to present a clear and thorough analysis of parenthesis.

To begin with, the research scope of parenthesis has been defined and research object has been determined through looking into various types of parenthesis phenomena. That is, C＝. concrete or semi－concrete structural parenthesis, the typical kind of parenthesis with homogeneity is to be studied. The overall formal characteristics have been summed up: relative concreteness, attachment, and non semantic proposition, and thereby parenthesis has further been distinguished from words, phrases, collocations, interpose, connective words, discourse markers, etc. The author believes that parenthesis is neither phrase nor word, but a solid language element between word and phrase.

The value for these solid language elements to exist is focused on in this book. Therefore, it makes a multi－angle description and explanation about their internal form of combination, external grammatical distribution, semantic traits, pragmatic functions and sources, etc.

The external forms of over 270 parentheses are classified and described in details in the book, and their common features in internal form of combination have been discovered, i. e. most parentheses display verb quality, their nucleus words are mainly words like "say", "see", "think", "know" and so on, and most parentheses involve mainly first or second person, without third person at all. These tendencies show up in form make it possible to trace up their origin.

The book also describes the external grammatical distribution of parenthesis. Based on statistics and analysis of language materials, initiating from the relationship between core sentences and parentheses, it describes the external environment, i. e. grammatical distribution, of parenthesis from a dynamic perspective and examines from three aspects. First, according to the closeness in the integration of core sentences and parentheses, it categorizes parentheses into independent and bound ones, and primarily generalizes the rules for independent use of parentheses. Second, according to the functions of parentheses in core sentences, it categorizes parentheses into connective and non — connective ones. In core sentences, connective parentheses play the role of predicting the occurrence of other elements in texts and strengthen the tie between the two parts of the core sentences; whereas non—connective parentheses have no above role. In the research, the author also discovered that some parentheses have both connective and non—connective attributes, which provides foundation for studying the grammaticaliztion of parentheses. Third, it reviews the location of parentheses in core sentences. Generally speaking, the position of connective parentheses is fixed, which is named as locative parentheses. Among them, some lie between the two parts of core sentences, called rear parentheses; others lie before the whole core sentences, called front parentheses. Some non-connective parentheses are locative, as a small number of parentheses can only be in the middle of sentences; while most of them are non-locative and flexible in position, among which, some have preferable front location in sentences, and some may take either front or middle locations. Sampling statistics was made on locations of parentheses to supply evidence in data.

Semantic classification is the key of parenthesis research and always tends to be divergent. Through much observation of parentheses with "say" and alike, the author believes the meaning of parentheses is totally solid and void, which derives from the void of the nucleus verbs in parentheses. The meanings of parentheses are much more influenced by language context and appear to be sort of functional meaning. On this basis, the function of parentheses by nature is to express language subjectivity, which leads to the classification of parentheses into subjective and reciprocal subjective ones. This is the existence value of parenthesis. All other functions of parenthesis count on this function. These are what the book emphasizes.

Language phenomena, more accurately speech phenomena, have both the objective side and the subjective side. Because speaker actually always coexists with discourse, his subjective intention, purpose and belief will inevitably stamp on discourse. The author believes, down to earth, parentheses are a kind of language elements conveying the subjectivity or interactive subjectivity of language. They are attached to core sentences expressing rational meanings (logical meanings) to help them reinforce, feature and associate the two sides of communication:

speaker and listener. For "speaker", he expresses his view, conveys his emotion, illustrates his standpoint, and comments events through "I" or an "internalized I". For "listener", in order to promote communication effect, speaker focuses on "listener" to achieve mutual interaction; he may remind listener to pay attention to his words, consult with the listener to make him accept his view, or conduct a serial of speech acts like warning, exculpating. confessing, etc.

The author believes that this is the existence value of parenthesis. That parenthesis has subjective function is an overall generalization made about the language meaning of parenthesis, and is also a summary for the past diversified semantic researches.

From this viewpoint, it can be explained that even if parentheses do not appear in the middle of sentences they are still labeled as parenthesis, because these parentheses expressing subjectivity do not exist on the same level with core sentences indeed. Core sentences tend to carry rational meaning or logical propositional meaning, whereas parentheses represent the existence of "subject speaker". In this case, the language system is not linear one—layer structure carrying objective information and theory, but a dimensional expressive system with two or more layers conveying objective information and theory and subjective attitude and emotion simultaneously.

From this viewpoint, it can also be explained why parentheses with so complex language surface forms still are categorized into one group. Because the entity form of language speech can only exist in linear form, language elements expressing subjectivity are constantly compacted in speech contexts. Observing from language surface forms, they are inserted elements expressing proposition compacted into verbal phrase, which then in turn are compacted into the so called "collocation" elements. But no matter how the forms change, parentheses' function of expressing subjectivity does not change, so they belong to one category.

Finally, according to the outstanding features of parentheses combination forms, the book seeks the origin of parentheses. The author considers that parenthesis originated from the grammaticalization of some forms in language. In general, only when they satisfy the following conditions could they void to become parenthesis.

1. Subject — predicate structures or verb chain structures with VP. (Syntactic restriction)

2. Verb should be the ones denoting saying, perceiving, or thinking. (Semantic restriction)

3. If there is subject, it should be of single first or second person. (Semantic restriction)

The book investigates into modern Chinese parenthesis from all sides, defines its nature, describes to depth from form, grammar and semantics, and makes primary theoretical illustration.

目 录

第一章 绪 论 ·· 1
　1.1 插入语研究概况 ······································ 1
　1.2 插入语研究涉及的几个方面 ···························· 4
　　1.2.1 插入语的语表形式 ······························· 5
　　1.2.2 插入语的性质 ··································· 8
　　1.2.3 插入语的位置 ·································· 14
　　1.2.4 插入语的语义类别 ······························ 18
　　1.2.5 插入语的功能 ·································· 22
　1.3 存在的问题和有待探索之处 ·························· 27
　1.4 本书的目的和意义 ·································· 33
　　1.4.1 目 的 ·· 33
　　1.4.2 本书研究的意义 ································ 33
　1.5 研究方法和语料来源 ································ 35
　1.6 本书的结构安排 ···································· 37

第二章 插入语的范围 ······ 39
2.1 界定插入语的三项基本标准及扩展了的标准 ······ 39
2.2 对插入语 C 的形式考察 ······ 43
2.2.1 临时的言语的插入成分 ······ 43
2.2.2 凝固的语言结构 ······ 46
2.2.3 半凝固的结构 ······ 47
2.2.4 小 结 ······ 47
2.3 对核心句 X 的形式考察 ······ 48
2.3.1 X 的类别 ······ 48
2.3.2 "就……来说"的核心句 X 的考察和统计 ······ 51
2.4 小 结 ······ 53

第三章 插入语的特点和性质 ······ 54
3.1 形式的相对凝固性 ······ 54
3.1.1 凝固性：插入语不同于临时短语 ······ 55
3.1.2 相对凝固性：插入语不同于词 ······ 58
3.2 结构分布的附着性 ······ 64
3.2.1 插入语和插入成分的区别一 ······ 64
3.2.2 插入语和固定短语（熟语）的区别 ······ 65
3.3 语义的非命题性 ······ 67
3.3.1 插入语和插入成分的区别二 ······ 67
3.3.2 插入语和话语标记的区别 ······ 70
3.3.3 插入语和复句关系词语的区别 ······ 72
3.4 小 结 ······ 74
3.4.1 结 论 ······ 74
3.4.2 确定插入语表的具体做法和基本原则 ······ 75

第四章　插入语的内部形式描写 …… 77
4.1　按照内部结构分类 …… 77
4.1.1　完全凝固的结构 …… 77
4.1.2　半凝固结构 …… 87
4.2　按照中心动词分类 …… 92
4.2.1　"说"类插入语 …… 93
4.2.2　"看"类插入语 …… 94
4.2.3　"是"类插入语 …… 94
4.2.4　"知道"类插入语 …… 95
4.2.5　"想"类插入语 …… 95
4.3　按照插入语的人称来分类 …… 95
4.4　小结 …… 97

第五章　插入语的语法分布 …… 98
5.1　插入语的独立性考察 …… 99
5.1.1　情况统计 …… 99
5.1.2　插入语独立使用的规律初探 …… 102
5.2　插入语的连接性考察 …… 107
5.2.1　定义 …… 107
5.2.2　插入语的连接性考察 …… 114
5.3　插入语的位置考察 …… 123
5.3.1　连接性插入语都是定位的插入语 …… 123
5.3.2　非连接性插入语的位置考察 …… 125
5.4　小结 …… 132

第六章　插入语的语义特点 …… 134
6.1　整体凝固的虚化语义 …… 134

6.1.1 "说"类插入语的语义固化 …………………… 136
6.1.2 "看"类插入语的语义固化 …………………… 143
6.1.3 "想"类插入语的语义固化 …………………… 146
6.1.4 "知"类插入语的语义固化 …………………… 150
6.2 语用功能意义 ………………………………………… 152
6.2.1 定　义 ……………………………………… 152
6.2.2 研究方法和路径 …………………………… 155
6.2.3 插入语的语用功能义举隅 ………………… 156
6.3 小　结 ………………………………………………… 166

第七章　插入语的语用功能及类别（上） …………… 167
7.1 插入语的主观性 ……………………………………… 167
7.1.1 定　义 ……………………………………… 167
7.1.2 "说"类插入语的主观性 …………………… 170
7.1.3 主观性和交互主观性 ……………………… 175
7.2 主观性插入语的类型 ………………………………… 177
7.2.1 交互主观性插入语 ………………………… 178
7.2.2 主观性插入语 ……………………………… 179
7.3 小　结 ………………………………………………… 184

第八章　插入语的语用功能及类别（下） …………… 186
8.1 后置插入语的类别 …………………………………… 187
8.1.1 指代性插入语 ……………………………… 187
8.1.2 逻辑性插入语 ……………………………… 188
8.1.3 拟对话插入语 ……………………………… 195
8.1.4 话轮承接性插入语 ………………………… 196
8.2 前置的插入语的类别 ………………………………… 198

8.3 小　结 …………………………………………… 199
第九章　插入语的来源初探 ……………………………… 202
  9.1 前人综述 ………………………………………… 202
  9.2 插入语虚化的机制 ……………………………… 206
    9.2.1 虚化的句法结构限制 ……………………… 207
    9.2.2 虚化的语义限制 …………………………… 209
结　语 ……………………………………………………… 215
参考文献 …………………………………………………… 219
附录：插入语表 …………………………………………… 226
后　记 ……………………………………………………… 230

第一章 绪 论

1.1 插入语研究概况

　　语言学家在进行句子分析的时候发现,在常规的语言序列中常常插入一些成分,它们有点像语言中的"异类",很难归类。从形式上看,它们形态各异,面貌迥异,有时候是词,有时候是短语,有时候是句子,甚至是句群和篇章。从词类上来说,既非语气词,又非连词、副词,往往无法确定其归属。从意义上看,它们有时看似多余,有时又表意复杂。作句法分析时,它们不在句子的六大成分之列,与所在句子的其他成分也不发生语法上的联系。对这些语言成分,语言学家给了很多名称,诸如"插入语"、"插说"、"插语法"、"特殊成分"、"独立成分"等等。名称的不同,反映着人们对这种语言现象的认识存在着差异。

　　虽然插入语如此面目迥异,但人们都能感觉到它们在交际中担当重要作用。没有它们,句意的顺畅表达就会受限。我们来对比以下两组句子：

(1) a. 随着婆罗门教和佛教的传播，泼水节传到缅甸，再传到泰国、老挝和我国云南省傣族地区。可见我国傣族的泼水节与佛教有着密切的关系，也是劳动人民在农业生产中珍视雨水的反映。

b. 随着婆罗门教和佛教的传播，泼水节传到缅甸，再传到泰国、老挝和我国云南省傣族地区。我国傣族的泼水节与佛教有着密切的关系，也是劳动人民在农业生产中珍视雨水的反映。

(2) a. 环境问题是一个综合性的问题，看起来是治理地、治理天、治理周围环境的问题，把树种上周围就绿了，其实没有那么简单。

b. 环境问题是一个综合性的问题，是治理地、治理天、治理周围环境的问题，把树种上周围就绿了，没有那么简单。

(1) a 句中如果没有"可见"，虽然对整个句意没有太大的影响，但是我们就看不见了作者的思维和推理过程，后一句和前一句的关系就模糊起来。(2) a 句中插入语更是不可去掉。作者在此显然并不是要肯定"环境问题是治理地、治理天、治理周围环境的问题"，而是指出这些只是表面现象，其用意是"环境问题并不是治理天、治理地、治理周围环境的问题"，还有更重要的问题要关注。如果去掉"看起来"、"其实"，就把整个句意给改变了。由此可见，这些插入的成分在语言中并不是可有可无的多余成分。

插入成分也形态各异，除了常见的词和短语、句子，还有句群。插入句群在段落中处于游离状态。一般都是文章内容的诠释和补充、引申等。例如：

(1) 他从他的一捆木匠家具里边抽出一条小锯梁子来，尺半长，一指厚，木头很结实，打起来管保很得劲。(2) 他妈为什么知道这家具好打人呢？(3) 原来他妈年轻时候也有过小飞蛾跟保安那些事，后来被老木匠用这家具打过来的。(4) 闲话少说，张木匠拿上这件得劲的家伙……

这里(2)(3)句就是一个插入的句群。插入的成分还可以大于句群。不过，到那时，人们往往将之称为插叙了。

著名的语言大家王力、赵元任、吕叔湘等先生都关注过这种语言现象，但是关于插入语的性质、功能、在语言中的地位等理论问题各有说法，让后人很难窥其究竟。

到目前为止，对插入语的理论研究大部分散见于一些语法专著和教材，以及少量论文中。对插入语的专门研究只有一本薄薄的《复指和插说》[1]。理论研究的滞后导致在实践中插入语还是若隐若现，似有还无。例如，在《现代汉语词典》中很少见到插入语的踪影。《现代汉语八百词》提到的插入语只有十几个，它们直接被标注为插入语，如"即"、"据说"、"看上去"、"看起来"、"看来"、"说来"、"想来"、"听来"、"算来"、"我怕"、"怕"、"听去"、"看去"、"听说"、"相反"等[2]。有一部《口语习用语功能词典》[3]，也提到100多个插入语，但它们的主要身份只是口语的习用语。

---

[1] 叶南薰. 复指和插说 [M]. 上海：上海教育出版社，1985.
[2] 吕叔湘，主编. 现代汉语八百词 [M]. 北京：商务印书馆，1984.
[3] 常玉钟，主编. 口语功能词典 [M]. 北京：北京语言学院出版社，1993.

那么，插入语到底是什么？有哪些语言形式？为什么语言中存在这种成分？它在语言中是做什么用的？

带着这些问题，笔者将归纳前贤学者们的研究成果，让前人的思想启迪我们的思路。同时，深入观察现代汉语的语言事实，条分缕析，结合当代理论研究成果，层层剥笋，希望从中窥见插入语的真实面貌。

为了论述方便，笔者参照范晓先生的说法[①]，把这个常规语言序列称为核心句，插入的成分统称为插入语。用公式表示就是C+X。须要特别指出的是，在对插入语给出明确的界定之前，我们所说的插入语只是一个比较笼统的概念。

关于考察插入语的平台，笔者确定在语篇平面上进行。这里语篇的概念包括篇章（text）和话语（discourse），是由一个或者多个句子组成的，一个有意义的语言片段。所以从这个角度观察，是基于这样的事实：笔者在大量语料调查的基础上发现，插入语并不仅仅出现于单句中，也出现于复句、句群甚至篇章中。核心句也并不只限于句子，有时它是大于句子的成分。因此将考察的平台扩大到语篇，个中原因后面还将详细阐述。

1.2 插入语研究涉及的几个方面

归纳前贤学者们对插入语的研究，基本涉及以下几个方面：插入语的语表形式、插入语的性质、位置、语义类别、功能等。每一部分我们都按照时间的顺序罗列各家的观点。

---

① 范晓先生认为，插入语是附加或者插加在核心语之上的，形成插心结构。参见：范晓. 三个平面的语法观［M］. 北京：北京语言学院出版社，1996.

1.2.1 插入语的语表形式

1.2.1.1 王力先生的研究

最早关注插入现象的当属王力先生。在《中国现代语法》①中,王先生把插语法作为一种特殊句式提出。他认为,"插语法是在不必需的语言之外插进去一些似乎多余的话"。除此之外,他又列出一类"准插语",如"不知"、"眼看着"等。他认为,"插语似乎是个赘疣,然而对话人(或读者)并不觉得讨厌,就因为插语往往能使语言生动有力的缘故"。

这种思想后来又有所发展,王力先生在《汉语史稿》第三章《语法的发展》中指出:"汉语本来也有过一些插语法……老的插语法往往是插进一两句不相干的话。新的插语法不是这样的。"②新的插语法包括附注式的插语和"他想"等插入句中把句子隔为两半的插语法。他把以上两种插入形式作为"五四"以后新兴的句法现象提出。

从例句的语表形式上看,王力先生的插语成分有独立的句子,包括单句,也包括复句。还有的其实是分句,有的是词。例如:

(1) 好姐姐——<u>不是我说,你又该恼了</u>——你懂得什么?懂得也不传这些舌了。
(2) 抬头看时,<u>不是别人</u>,却是他父亲。
(3) 他一翻脸,<u>嫂子</u>,你吃不了兜着走。

(1) 插入的是复句,(2) 插入的是分句,(3) 插入的是呼语,一个词。这些都是能够独立使用的。王力先生还提到一种不

---

① 王力. 中国现代语法 [M]. 北京:商务印书馆,1985:323-325.
② 王力. 汉语史稿 [M]. 北京:中华书局,1956/2003.

能独立使用的插入语,叫做准插语。例如"不知"、"眼看着"等①,它们黏着于一个句子上。

1.2.1.2 赵元任先生的研究

赵元任先生的《汉语口语语法》② 中"离题的话和插进去的话"一节,也提到插入语,包括两种:一种是无计划的、临时想到的语言成分;一种是有计划的插入语,如,"不晓得、不知道、看得出"等,赵先生认为它们在句中前后没停顿,应该是想好以后再说的。

笔者观察到,这些插入语的语表形式有的是句子,有的是分句,常常在一个停顿之后;而没有停顿的有计划的插入语,例如"不知道"、"不晓得"、"看得出",皆是短语形式。上述这些语表形式都很难找到一个统一的形式特征。

1.2.1.3 吕叔湘、朱德熙的研究

吕叔湘、朱德熙在《语法修辞讲话》中提到插入语有三种常见的形式:

1. "某某说"插在对话中间做插入语,其中既有"第三人称+说"的形式,也有"请恕我直说"这样带第一人称的形式;

2. 相当于附加语的插入语,例如"一个美国记者,<u>据说是纽约邮报的</u>,他看他的世界真是宽广。"这里的画线部分可以改作附加语。

3. "特别是"、"尤其是"、"首先是"、"至少是"、"或是"由这些词语带头的一些短语,地位有点像插入语。③

---

① 王力. 中国现代语法 [M]. 北京:商务印书馆,1985:323-325.
② 赵元任. 汉语口语语法 [M]. 吕叔湘,译. 北京:商务印书馆,1979:74-77.
③ 吕叔湘,朱德熙. 语法修辞讲话 [M]. 沈阳:辽宁教育出版社,1952/2005.

我们也很难找到它们形式上共同之处。

1.2.1.4 其他学者的研究

黄伯荣、廖序东等提到,插入成分是一些实词或短语:

> 句子中的某个实词或短语,跟它前后别的词语没有结构关系,但又是句意上所必需的成分。①

目前比较多的学者,如邵敬敏等人②是把插入成分分成两种:一种是一些固定的习惯用语,属于句子的特殊成分,他们把这一类叫做插入语;另一种是临时组合的一些句子,属于句子的动态变化现象,他们称之为插说。

也有学者直接以插入的形式为标记,考察带有不同形式标记的插说,如陈淑梅的《毛泽东著作中的括入式插说》(1993)③把插说分为括入式插说和一般性插说,细致考察了括入式插说的括入项,插说的语表形式包括短语、单句、复句等。郑贵友《"加线式插说"浅议》(1999)④还细致考察了加线式这种插说形式。

前辈语言学家对插入语的研究,很多是一种直觉和举例性的,但是其开创之功实不可没。他们所列举出来的众多的插入语可以作为例证,帮助我们从中发现插入语共同的语表形式和特征,明确我们的研究对象。

综合上述,我们看到,前辈认可的插入成分基本涉及三

---

① 黄伯荣,廖序东,主编. 现代汉语:增订三版 [M]. 兰州:甘肃人民出版社,2002:102.
② 邵敬敏,主编. 现代汉语通论. 上海:上海教育出版社,2001:247.
③ 陈淑梅. 毛泽东著作中的括入式插说 [M] //邢福义,主编. 毛泽东著作语言论析. 武汉:湖北教育出版社,1993.
④ 郑贵友. "加线式插说"浅议 [J]. 世界汉语教学,1999(2).

部分：

1. 临时插进去的言语，语表形式有时是完整的句子，有时相当于一个附加成分，它们的数量不计其数；

2. 固定的习惯短语，例如"看起来"、"不知道"、"眼看着"等等。

3. 半临时状态，即"固定词语＋临时词语"这样的形式，例如"在……看来"、"例如……"、"特别是……"等等。

这些插入成分从语言单位上来看，有词、短语、句子、句群；从语法分布上来看，既有独立形式（独立的形式标记有语音停顿、括号、破折号等），也有黏着形式，比如"不知"等。

前辈对插入成分纷繁复杂的形式罗列让我们感到迷惑：到底插入语是什么一种什么样的语表形式？它是固定的还是临时的，是语言的还是言语的，是独立的还是黏着的，这些都需要我们在大量语言事实的基础上，选定我们的目标，重新认识。

1.2.2 插入语的性质

插入语是一种句法成分，还是一种语义成分、语用成分？对此，学者们的观点大致有五种。

1.2.2.1 补足语义的成分

早期的观点认为插入语是一种辅助的语义成分。如王力先生认为：

> 插语法是在不必需的语言之外插进一些似乎多余的话。

但是后来王力在《汉语史稿》中《五四以后新兴的句法》一

章[1]，又提到新兴的插语法：

> 汉语本来也有一些插语法。老的插语法往往是插进一两句不相干的话，新的插语法不是这样。我们随便拿两种情况来说：
> (1) 附注似的插语。例如：
> 恰好有辆刚打好的车——定做而没钱取货的——跟他所期望的车差不甚多。（老舍　骆驼祥子）
> (2) 用"他想、他以为、她晓得、某某说"等插入一个句子里，好像把一个句子隔开为两半；或者插在一个复句中间，把分句隔开。例如：
> 有了自己的车，他以为，就有了一切。（老舍　骆驼祥子）

从没有意义的多余的话，到表示附注和带动词性宾语的高层主谓短语，王力先生对插入语的性质的认识已经发生了很大的变化。他认为插入语并不全是没有意义的话。

黄伯荣、廖序东的《现代汉语》认为，插入语是"使句子严密化，补足句意的"，"句意上所必需的成分"[2]。

总体来说，这种观点认为插入语是对总体句意的一种补充。但是具体到是哪一种语义，学者们或者语焉不详，或者只是罗列，彼此之间也极度不统一。

1.2.2.2　特殊的句子成分

这种观点是把插入语当作一种特殊的句子成分，但是没有明

---

[1] 王力. 汉语史稿 [M]. 北京：中华书局，2004：547.
[2] 黄伯荣，廖序东. 现代汉语：增订三版 [M]. 北京：高等教育出版社，2003.

确说它是什么成分。一般持结构主义观点的先生认为插入成分是句子常规成分（六大成分）之外的一种特殊成分。

例如初中《汉语》课本[①]提到独立成分（插说），对此的定义是：句子里插入一个成分，它不做主语、谓语、宾语、补语、定语、状语，同时既不起连接作用也不表示语气，在句中不跟别的成分发生结构关系，举的例子是：

那边山坳里，<u>你看</u>，枫树的叶子全红了。

在各高校通用的《现代汉语》教科书也大都是延续这种提法。普遍认为，它们不充当句子的六大成分，也不与句子中的其他成分发生结构上的关系[②]。

用"特殊成分"这种说法把插入语划为异类，句法分析起来很方便，但是其不足也很明显。六大成分之外的语言成分是否是一种同质的成分姑且不说，语言事实证明很多插入成分并不是插在句子层面上，而是复句、句群层面上，基于句子层面之上的句法分析方法对此显然无能为力。因此，我们认为，"特殊成分"的提法只是在句法层面上的总结，远远不能涵盖插入语的复杂性质，仅仅停留于此显然不利于深入探讨插入语在语言中存在的价值和意义。扩大研究视野和研究平台是必然的选择。

1.2.2.3 传信范畴的语法表现形式

这种观点认为很多表示信息来源的插入语是汉语传信范畴的

[①] 人民教育出版社汉语编辑室.汉语：初中课本[M].北京：人民教育出版社，1956：97.

[②] 胡裕树.现代汉语：重订本[M].上海：上海教育出版社，2003：345.
张静.汉语语法问题[M].北京：中国社会科学出版社，1987：457.
邵敬敏，等.现代汉语通论[M].上海：上海教育出版社，2001：214.

语法表现形式之一。传信范畴是与时制系统、时体系统、语气系统、情态系统等并列的重要的语法范畴（或称语义范畴）。对语法意义（由语法形式产生的意义）进行概括形成的一些主要类型就叫做语法范畴或者语义范畴。汉语中已经有一些研究成果的重要语义范畴包括"时间范畴"、"空间范畴"、"数量范畴"、"领属范畴"、"自主范畴"、"动态范畴"、"顺序范畴"、"持续范畴"、"趋向范畴"、"指示范畴"、"情态范畴"、"体貌范畴"、"程度范畴"等等。陆俭明等先生还认为，汉语还可以根据需要归纳出更多的语义范畴①。

张伯江（1997）指出，传信范畴最典型的语义表现反映出人们对一句话现实依据的关心，许多语言里都不约而同地存在根据陈述依据可靠性作出的系列性形式区分。也就是说，他们十分看重一个陈述所依靠的证据是自己亲身经历的、自己亲眼看见的，还是听别人说的，一般传闻的，或是推断出来的，或是转述别人的说法。他认为，汉语里的传信范畴不仅看重信息来源与说话人客观真实概念之间的关系，也兼顾说话者的态度，更看重它对于现实性的肯定强度。因此，汉语里的传信表达主要有三种形式，其一是以一些习用的"插入语"来表达的。例如：

　　雨<u>眼瞧着</u>大起来了。
　　房子<u>听说</u>分下来了。
　　小王<u>据说</u>要辞职。
　　这帮球迷<u>也不知道</u>买着票没有。（下画线为本文作者所加）②

---

① 陆俭明，沈阳. 汉语和汉语研究十五讲 [M]. 北京：北京大学出版社，2003.
② 张伯江. 认识观的语法表现 [J]. 国外语言学，1997（2）.

受此观点影响，张成福、于光武（2003）① 论汉语的传信表达②认为插入语是汉语传信范畴的主要表现手段。

我们认为，插入语表达传信范畴这种观点仍然是建立在句法分析的基础上的，大量的插入语是否都表示传信范畴尚需进一步考察。但是它也启发我们进一步思考，插入语是不是语言中的一种语法成分，它的存在对语言到底意味着什么。

1.2.2.4 表示评议的句法语用成分

也有学者持第四种观点，即认为插入语是一种表示评议的语法成分，处于句法研究的语用平面。胡附、文炼（1982）在《句子分析漫谈》指出，分析句子可以得出独立成分（插说成分）、提示成分（复指成分）等，这些其实都是语用成分③。胡裕树、范晓（1985）进一步指出，句子词语与使用者（符号与人）之间也有一定的关系，这种关系是属于语用的（pragmatical）。研究语用，就是研究人怎样运用词语组成句子相互进行交际。④ 他们认为，插加或者添加在句子的句法－语义结构上的词语一般带有评议性，或表推测（如"看起来""看样子"），或表确定（如"说真的"、"老实说"），或表估计（如"也许"、"恐怕"）或表说话者的主观态度、意见（如"依我看"、"依我想"）。这些评议词语属于句法分析的语用层面。⑤

沿着这个方向继续前进的有温锁林（2001）。他进一步认定插入语是表示口气（modality）（也称情态）的语法成分，处于

---

① 张成福，于光武. 论汉语的传信表达 [J]. 语言科学，2003，2（3）.
② 张成福，余光武. 论汉语的传信表达 [J]. 语言科学，2003，2（3）.
③ 胡附，文炼. 句子分析漫谈 [J]. 中国语文，1982（3）.
④ 胡裕树，范晓. 试论语法研究的三个平面 [J]. 新疆师范大学学报，1985（2）.
⑤ 范晓，胡裕树. 有关语法研究三个平面的几个问题 [J]. 中国语文，1992（4）.

句法研究的语用层面。他认为口气是说话人对所述命题的情感和态度。"情"表示说话人在表达命题时表现出来的主观感情,包括急促和舒缓、强调和委婉、惊异与惬意、张扬和收抑、偏执与宽容、亲昵与蔑视、提醒与解释等。"态"表示说话人对所述命题的态度,包括真值情态、道义情态、意愿情态等,属于传信范畴。我们注意到,他把传信范畴归于口气之内。他以邢福义对独立语的分类①为例,指出提醒性独立语和招呼性独立语表示提醒口气,评论性独立语表示强调或推测的口气,音像性独立语表示鄙视、提醒的口气,例释性独立语表示解释口气,口头禅独立语表示粗鲁的口气等。②

不难看出,不论把插入语看作一种传信的语义语法范畴还是表示情态、口气的句法语用成分,其立足点都是站在句法分析的基础上的,其实质都是把插入语看作句子中的一种特殊的语法成分。因此,上述第二、三、四种观点在本质上都是一样的,即插入语是一种句法成分。插入语是不是仅存在于句法层面,需要从语言事实出发,深入进行探究。

1.2.2.5 连接句子的语用成分

有学者发现,插入语不仅仅出现于句子中,还常常会在大于句子的语言单位中出现,这些语言事实让许多学者认识到研究插入语还存在局限,插入语研究需要扩大研究平台。如邢福义(1997)发现有一种不属于某一个句子,但是却能连接两个句子的"接句性独立语",因此他说:③

> 独立语是地位独特、位置灵活的成分。这是一种语用成

---

① 邢福义.汉语语法学[M].长春:东北师范大学出版社,1997:127.
② 温锁林.现代汉语语用平面研究[M].北京:北京图书馆出版社,2001.
③ 邢福义.汉语语法学[M].长春:东北师范大学出版社,1997:127.

分,也叫独立成分。

邢先生直接提出独立成分是一种语用成分,结合上述的例子,我们可以看出,邢先生的提法表明他对插入语的研究视野进一步扩大到句以上的语言单位。

对于语用或者语用学(Pragmatics)的认识,源于哲学家莫里斯(Charles Morris)在1938年创立的符号学。符号自然包括语言这种人类最重要最常用的符号系统。他把语言符号或者符号的研究一分为三:一是研究语言符号和语言符号之间的关系,称为语形学或者句法学;一个是研究语言符号和语言符号所代表的事物之间的关系,称为语义学;还有一个是研究语言符号与语言符号使用者(解释者)之间关系的,称为语用学。语用在这里已经跳出了句法分析的苑围,扩大到跟"说/听话人"等语境因素有关。

莫里斯的观点使我们能够立足于更高点来观察插入语。插入语也是一种符号,对它的认识也要从以上三种关系出发。作为现实世界中的一种符号,我们研究插入语不仅要研究它和其他语言符号之间的关系,也要研究它和它所代表的事物之间的关系,更要研究它和使用者之间的关系。即要从句法、语义、语用的角度考察插入语。只有立足于这一点,我们才能全面而深入地认识插入语。

在前人的研究中我们已经看到语用的影子,但是插入语是一种什么样的语用成分,还是前人未加探索的领域。我们需要在语言事实和语料分析的基础上深入认识。

1.2.3 插入语的位置

几乎所有的研究者都很关注插入语的位置。其中占主流的观点是认为插入语的位置完全自由灵活,我们称之为完全灵活说;

还有很少的学者认为是部分灵活,我们称之为部分灵活说;极少的学者认为插入语只能位于句中,我们称之为句中说。

1.2.3.1 完全灵活说

大多数学者都认为插入语的位置是极其灵活的,而且基本位置有三个:句首、句中、句末。王力先生解释插语法时虽然说是插进去的,但是所举例子有的插入语是用在句首的。如,<u>不是我说没能耐的话</u>,要像这样,我竟不能了。(红楼梦 72)①

目前大部分的教材,比如黄伯荣、胡裕树、刘月华的教材都普遍认为,插入语可在句首、句中或句末。② 邢红兵所作的现代汉语插入语研究(国家自然科学基金重点项目)也认为:插入语在句子中的位置比较自由,或全句之首,或句末,或谓语之前。③

1.2.3.2 部分灵活说

邢福义先生既同意插入语位置灵活的观点,又注意到它们不灵活的一面④。

> 独立语是地位独特、位置灵活的成分。……位置灵活,是说它在句子的结构配置中可以比较自由地安放,不受拘束。……
> 有的独立语,由于受到语义关系的制约,不能出现在句首,只能出现在句中或句末。比如,例释性独立语:
> 有的理事,<u>比如张金星</u>,很不以为然。

---

① 王力. 中国现代语法 [M]. 北京:商务印书馆,1944/1985:323-325.
② 刘月华. 实用现代汉语语法 [M]. 北京:商务印书馆,2001:650.
③ 邢红兵. 现代汉语插入语研究 [M] //语言工程. 北京:清华大学出版社,1997.
④ 邢福义. 汉语语法学 [M]. 长春:东北师范大学出版社,1997:127.

> 有的理事，很不以为然。比如张金星。

邢福义先生还观察到超越句子层面的插入语呈现两个极端，有的不能随意移动，有的简直超级灵活：

> 有两种比较特殊的独立语。比如接句性独立语。如"这就是说，换句话讲"之类，起的是承接上句引出下句的作用。它们在句与句之间起关联作用，不属于某一小句，因此不能在某一小句的前后中三个位置移动。还有口头禅独立语。如"他妈的，这个这个"之类，位置特别灵活，简直任何地方都可以出现。比如，我什么时候请过你他妈的哥哥？①

学者张登岐也认为，插入语的位置并不像大家认为的那么灵活。② 他根据位置对插入语进行了细致的分类。有的插入语只有一种位置，分为先行式和中继式两类。先行式插入语总是放在相关部分的前面，如"一般说来"、"据说"等；中继式插入语一般用于前后两个相关部分的中间，如"看样子"、"尤其是"、"总之"等。有的插入语可以兼有两种位置，可以归结为先行/中继式和中继/后续式。先行/中继式有"在……看来"、"正如……所说"等，中继/后续式有"如……"等。这种分类让我们对插入语的位置有了更为深入的认识。

1.2.3.3 句中说

有的学者对插入语进行了强行的限定，规定只有位于句中的才是插入语。如1985年为了配合《中学教学语法系统提要》的

---

① 邢福义. 汉语语法学 [M]. 长春：东北师范大学出版社，1997.
② 张登岐. 独立成分的形式、位置等刍议 [J]. 北京大学学报，1998（4）.

推广,在叶南熏原著的基础上,张中行修订了一本关于插入语的专门的小册子《复指和插说》[①]。张中行先生在修订说明中说:

> 新的处理原则(指《中学教学语法系统提要》)是以"结构"为主,以意义为辅,…即使是插入的话,要在句子中间才算。

但是我们看到张先生修订的这本小册子中,他所界定的插说,位置并不局限于句子中间。从本质上说他仍然属于完全灵活一派。

综合上述,如果用形式表示的话,C 代表插入语,目前学者们注意到插入语有这么四个位置:

C,SVP——C 在句首
S,C,VP——C 在句中
SVP,C——C 在句末
S1VP1,C,S2VP2———C 在两句之间

以上插入语的位置,其中三种是在句子层面上,一种是超越了句子。但是总体而言,学者们关于位置的观点仍然是模糊的。插入语到底是可以灵活移动的,还是固定不动的?具体情形到底如何?句首、句中、句末的界定是什么?如果只分为句首、句中、句末三个位置的话,那大量的句以上的插入语又该如何处置?如果认为插入语位置很灵活,是什么原因导致?因此,深入观察语言事实,从新的角度,重新认识插入语的位置问题很有必要。

---

① 叶南熏.复指和插说.上海:上海教育出版社,1985.

1.2.4 插入语的语义类别

前贤对插入语的研究,重点集中于对插入语进行语义的分类,这也是最为庞杂的部分。由于对插入语的性质认识不同,导致对插入语的语义分类也各不相同。据我们统计,最多有十几项语义类型。

1.2.4.1 王力的分类

在《中国现代语法》(1945/1985)中,王力先生的插语法大致可分为 8 种:

(1) 呼名法;
(2) 撇开法;
(3) 推进一层法;
(4) 先自辩护法;
(5) 断定法;
(6) 反诘法;
(7) 统括法;
(8) 感喟法。

还有一种叫做准插语,如"谁知道"等,王力先生没有论及它的语义类别。

后来在《汉语史稿》中又补充两种新兴的插语法:附注似的插语和用"他想"、"他以为"、"她晓得"、"某某说"等插入一个句子里。总计起来,王力先生认可的插入语的语义类别大概有 11 种。

1.2.4.2 黄伯荣、张静等的分类

有的先生是把称呼语、感叹语和拟声语放在插入语之外的。例如黄伯荣、张静等。除去称呼语、感叹语、拟声语等,黄伯荣先生的插入语涉及 7 类:

(1) 表示肯定和强调的语气,如"毫无疑问"、"不用说"

等；

（2）表示对情况的推测和估计，如"说不定"、"算起来"等；

（3）表示消息来源，如"听说"、"据说"等；

（4）引起对方的注意，如"你看"等；

（5）表示总括性的意义，如"总之"等；

（6）表示注释、补充、举例，如"也就是……"、"包括"、"正如"等；

（7）对语意的附带说明，常用"严格地说"等[①]。

张静先生还总结说，插入语主要用来表示说话人的观点、看法和态度[②]。

1.2.4.3 胡裕树的分类

胡先生把表示招呼、应答或感叹的当作一类插入语，如"昌林哥"、"好"、"啊呀"等。另外还有6类：

（1）引起对方注意，如"你看"、"你瞧"等；

（2）表示对情况的推测和估计，如"看来"、"想来"等；

（3）表示特定的语气，如"毫无疑问"、"说实在的"等；

（4）表示某一消息或情况的来源，如"据说"、"据报道"等；

（5）表示总括，如"总之"、"总的说来"等；

（6）表示对某一问题的意见和看法，如"我想"、"我看"、"依我看"等[③]。

---

① 黄伯荣，廖序东，主编．现代汉语［M］．兰州：甘肃人民出版社，2002：345-347．
② 张静．汉语语法问题［M］．北京：中国社会科学出版社，1987．
③ 胡裕树，主编．现代汉语：重订本［M］．上海：上海教育出版社，2003：345．

共计 7 类。

1.2.4.4 叶南薰、张中行等的分类

叶南薰原著,张中行(1985)修订的《复指和插说》中采用广义的解释,把插说分为 14 类:

(1) 引起对方注意;
(2) 表示对情况的推测;
(3) 表示对事实的肯定;
(4) 表示对情况的估计;
(5) 表明自己的意见;
(6) 表示说话的兴致或态度;
(7) 加强说话的感情;
(8) 表示传闻的消息或名称;
(9) 表示事物或理由的次序;
(10) 表示包括、排除或突出;
(11) 表示解释或更正;
(12) 表示补充;
(13) 表示举例;
(14) 表示总结。[①]

1.2.4.5 邢红兵的分类

邢红兵通过对"现代汉语研究语料库系统"中包含插入语的句子进行分析,按照意义分出 17 类:

(1) 表示消息来源或引用常理来说明一个问题;
(2) 表示没有预料到的结果;
(3) 委婉的责备;
(4) 强调说话内容的真实;

---

① 叶南薰. 复指和插说 [M]. 上海:上海教育出版社,1985.

（5）表示不容置疑或显而易见的事理；

（6）表示本该如此；

（7）解释和补充说明；

（8）打比方或举例说明；

（9）表示突然明白或者突然想起一件事；

（10）表示估计的结果或推论；

（11）同对方商量，希望对方接受自己的观点；

（12）委婉的肯定或判断；

（13）概括或总结；

（14）表示让步接受同意对方的意见；

（15）表示通常的情况；

（16）表示肯定和强调，

（17）表示其他（转移话题、提起下文、比较、程度、假设、排除、很快、责骂、允诺等）的意义。①。

以上对资料的考察可见，人们把语言中的不可归类的各种零碎都归于插入语中，就像一个大垃圾箱。这必然导致插入语内部的严重异质化。

但是通过提取公因式的话，我们发现，被大家们普遍认可的几类插入语是：

（1）引起注意类的插入语，如"你看"、"你听"等；

（2）强调和肯定类的插入语，如"毫无疑问"等；

（3）总括总结类的插入语，如"总而言之"等；

（4）注释举例类的插入语，如"比如"、"即"等；

（5）消息来源类的插入语，如"据说"、"听说"等；

（6）推测类的插入语，如"看起来"、"看上去"等。

---

① 邢红兵. 现代汉语插入语研究［M］//语言工程. 北京：清华大学出版社，1997.

这些被大家认可的插入语具有什么样的"共核",将是认识插入语本质的一个重要方面。但是更多的语义类别是无法形成共识的。我们认为,对插入语的成分及性质认识的极度的不统一,对插入语没有一个明确的界定,插入语内部严重异质化,这些是导致插入语语义分类庞杂的根本原因。归结起来,什么样的语言成分是插入语才是问题的关键。为此,我们须要在纷繁复杂的语义迷宫里首先辨明:被人普遍认可的插入语在语义上有什么共通的特点,什么样的语义类型才能被人们认可为插入语。只有在语料观察的基础上总结插入语的语义特点,认清其共同点,才能解决插入语语义分类庞杂的问题。

1.2.5 插入语的功能

对插入语的性质认识不同,导致对插入语功能的认识也各不相同。插入语在语言中起什么作用,也一直是学者关注的要点。我们把前贤们的研究归纳为五类:

1.2.5.1 修辞功能

早期学者都注意到插入语的修辞功能。如王力先生说:

> 插语法是在不必需的语言之外插进一些似乎多余的话;但是它能使语言变为曲折,或增加情绪的色彩。……各种插语法,都有一个共同之点,就是若把插入的话去掉,并不因此丧失了那句话的意思。这种插语似乎是个赘疣,然而对话人并不觉得讨厌,就因为插语往往能使语言生动有力的缘故。①

---

① 王力. 汉语语法史 [M]. 北京:商务印书馆,2000:323.

陈望道《文法简论》中把感叹语、呼应语、同位语、提示语、插加语等统称为穿插语，认为穿插语对句子富有笼罩、烘托、映带的作用。①

很显然，"生动"、"有力"、"笼罩"、"烘托"、"映带"这些概念都带有传统修辞学的色彩，意义含糊而空泛，缺乏针对性。传统修辞学是研究如何适切地进行语言表达，更在意语言的表达效果。插入语的修辞效果，其实就是语言的运用的得体性，如今对此的研究已经进入语用学的领域。如英国语言学家莱文森（S. C. Levinson）认为，语用学所要研究的是语言使用者在特定的语境中运用合适的语句的能力。② 语言中为什么会出现插入语，出现插入语的语言片段，为什么会显得生动有力、有情绪的色彩，这些问题笔者认为都可以从语用学的角度深入研究。

1.2.5.2 篇章连接功能

插入语具有篇章连接功能散见于各家。如邢福义先生（1995）曾经指出有一种接句式插入语，例如"这就是说"等，具有篇章连接功能。沈开木（1987）也把独立成分作为句段的联系手段之一，他举出的独立成分有"比如"、"可惜"、"从这一点来说"、"再说"、"其实"、"是啊"、"是的"、"啊"、"对"、"唉"等，它们都是连接句子的成分。③

在相关领域学者们的研究也让我们看到插入语的连接功能。

廖秋忠（1986）根据功能和位置两个标准对汉语书面语的篇章连接成分进行了分类，列出了 16 种篇章连接成分，其中表示阐明（"拿 X 来说"、"这就是说"）、总结（"总而言之"、"总的

---

① 张涤华，胡裕树，等主编. 汉语语法修辞词典 [M]. 合肥：安徽教育出版社，1988：63.
② S. C. Levinson Pragmatics Combridge University Press，1983：24.
③ 沈开木. 句段分析（超句体的探索）[M]. 北京：语文出版社，1987.

来看")、再肯定（"是啊"、"真的"）、推论（"不用说"）、纪效（"果不其然"、"怪不得"）、比较（"同样"、"特别是"）、实情（"老实说"、"确切地说"）、让步（"退一步说"、"诚然"）、对立（"反过来说"）、对比（"相比之下"）、题外（"顺便说一句"）等11类连接成分与上述很多语法书中列出的插入语是重叠的。①

郑贵友（2001）的《关联词"再说"及其篇章功能》，把"再说"当作一种关联词，也谈的是插入语的篇章连接功能。②

篇章连接功能证明了插入语在语篇中的大量存在，但是，插入语的核心功能是不是这种功能，笔者认为还需要进一步探究。

1.2.5.3 语义补充功能

很多先生认为插入语主要是起语义上的作用。如黄伯荣先生认为：

> 其中插入语的作用是使句子严密化，补足句意，包括说话者对话语的态度，或引起听话者的注意。③

又如胡裕树先生认为插入语的语义功能高于结构：

> 独立成分在结构上不是非有不可，但在表意上它却不是可有可无的。④

自然，插入语是表示语义的，但是具体表示什么语义，他们

---

① 廖秋忠. 现代汉语篇章中的连接成分 [J]. 中国语文，1986（6）.
② 郑贵友. 关联词"再说"及其篇章功能 [J]. 世界汉语教学，2001（4）.
③ 黄伯荣，廖序东，主编. 现代汉语：下. 兰州：甘肃人民出版社.
④ 胡裕树，主编. 现代汉语：重订本 [M]. 上海：上海教育出版社，2003：345.

都没有作进一步深究。胡裕树先生后来的观点发生变化，他认为插入语是一种表示评议的语法成分，处于句法分析的语用层面。语义和语用本来就是很难界定清楚的概念，我们可以认为胡先生后来的观点是一种广义的语义功能。

李亚南的硕士论文《现代汉语插入语研究》（2006）认为，插入语的元功能是补充功能。他认为：

> 在语言交际过程中说话者要用一定的语言形式将他要表达的意思传达给听话者。但是语言表述和意识活动并不是完全对应的。意识活动是三维的、立体多角度的，而语言表述则是一维的、线性的。它们之间有不可避免的矛盾。为了缩小这种缺憾尽量做到"辞能达意"，说话者就会采取一些补救措施：在需要说明的话语后面加上注释以方便听话者理解；在话语中间或末尾追加上应该明示却未及时提及的部分。①

插入语最初的使用应该是以补充为其主要功能的，杨子仪（1982）曾经研究过古汉语中的插入语，得出"古汉语的插入语几乎都是按注性的插入语"这样的结论。②但他也指出，"现代汉语有表示推测、估计或者表示某种态度等作用的插入语，而古代汉语却几乎没有这种插入语。"③

语言中有时是存在着言不及义，需要进一步的解释和补充，但是这一类可以归为赵元任先生所说"没计划的句子"——离题的话和追补语；我们也看到大量的插入语是"有计划的话"，它

---

① 李亚南．现代汉语插入语研究：东北师范大学硕士论文［D］．2006．
② 杨子仪．试论古代汉语的插入语［J］．宁夏大学学报，1982（1）．
③ 杨子仪．试论古代汉语的插入语［J］．宁夏大学学报，1982（1）．

们的功能用"补充功能"是无法涵盖的。

1.2.5.4 传信功能

张伯江（1997）《认识观的语法表现》中提到，汉语的传信表达有三种形式，其一是表达信息来源的形式，多以一些习用的"插入语"（为原文作者所加）来表达的。① 受此观点影响，张成福、于光武（2003）《论汉语的传信表达》认为插入语是汉语传信范畴的主要表现手段。所谓传信范畴，是语言中与表达信息来源可靠性程度相关的意义，是与时体系统、语气系统、情态范畴并存的另一种表达系统。在传信系统内，语言表达在形式上严格区分陈述证据是说话人亲眼所见的，还是推断的，或者是听别人说的。他们进一步归纳出插入语具有传信功能，以及在传信功能之下的陈实功能（"不用说"）、总结功能（"总的来说"）、引证功能（"听说"、"据说"）、推测功能（"一般来说"、"照理说"）和阐释功能（"换句话说"，"这么说吧"）、转述功能（"听A说"）等一系列子功能②。

这种观点，仍然不能涵盖很多类型的插入语。而且，如我们前文所说，还是基于句法平面之上的。

1.2.5.5 话语标记功能

上个世纪50年代，Randolph Quirk 在他的《随意的交谈——日常口语的一些特征》中，提到口语中常出现一种无用而且毫无意义的成分，比如 you know，you see，Well 等。国外话语研究开始注意到语言中有些看似多余，无实在意义的语言成分，它们被称为话语标记。学者普遍的共识是，话语标记的共同特点是对话语的命题的真假不产生影响，在话语中的作用主要是

---

① 张伯江. 认识观的语法表现 [J]. 国外语言学，1997（2）.
② 张成福，余光武. 论汉语的传信表达 [J]. 语言科学，2003，2（3）.

语用的。①

借鉴西方的理论，冉永平（2000 年）博士论文对汉语的话语标记进行了较为全面的探讨。我们看到，他所说的话语标记中，既有传统认可的插入语，也有连词，还有一些临时短语等，涉及面很广②。

插入语和话语标记在很多方面有共同之处。比如意义不够实在，语用功能强，等等。但两者是不是一个东西，还需要进一步观察。插入语和话语标记到底是什么样的关系，我们希望通过考察，得到一个较为清晰的认识。

综合上述，我们看到前贤学者为了认清插入语在语言中的功能，作了多方努力和多方阐述，有的从句法上，有的从语义上，有的从语用上，力图认清插入语的价值。但是不可否认的是，我们至今对插入语的面目还是混沌不清。语言中插入语到底是做什么用的？这些插入语在语言中有什么存在的价值？我们需要在认清插入语的性质的基础上，全面考察，深入分析，力图发现插入语在语言中担当的作用。

1.3 存在的问题和有待探索之处

综上所述，虽然前贤时人在插入语这个领域作出了很多探索和努力，但是目前插入语的研究还是迷雾重重，还有许多问题有待于进一步探索。

具体来说，存在的问题是：

1. 插入语的划界不清导致缺乏一个研究插入语的平台。

前人对插入语的个案分析和描写较多，但总的来说，缺乏整

---

① 冯光武. 汉语语用标记语的语义、语用分析 [J]. 现代外语，2004（1）.
② 冯光武. 汉语语用标记语的语义、语用分析 [J]. 现代外语，2004（1）.

体的、系统的考察和进一步的理论探索。问题根源就在于没有将插入语作为一个研究平台，系统地考察插入语的内部结构、形式特征、语法分布、语义特点和语用功能等。再深究起来，造成这种现象的根本原因在于插入语的划界问题。我们已经看到，由于插入语所包括的成员面貌迥异，导致学者对插入语的性质、功能等也是众说纷纭，因此，很难达成对插入语的共识。插入语的范围界定很困难，分析起来，表现在以下几个方面：

（1）插入语是语言成分还是言语成分？

从插入语的外部形式来看，语表形式既有临时的言语成分，也有凝固的语言成分，还有二者兼有的成分。是把它们都放在一起研究，还是另找突破口来进行研究，这是研究插入语所要解决的首要问题。

（2）插入语是词还是短语？

插入语在语言的五级单位（语素、词、短语、句子、句群）中，到底属于哪一级单位？是接近于词，还是接近于短语，抑或介于两者之间？

在《现代汉语八百词》中，结构形式基本一致的"按说"和"据说"，一个被标注为"习用语"，一个被标注为"动词"。它们到底是词还是短语呢？这一点不确定下来，我们的研究对象就会非常庞杂，无法控制。

与前面问题相承接的是，如果插入语是词，那么是实词还是虚词？如果是"短语"，又属于哪一种"短语"？

从前人的文献和成果中看，插入语经常被标注为不同的词性。例如"按说"在《应用汉语词典》中被标注为连词（11页），"据说"在《现代汉语八百词》中被标为"动词"，又说"不能有主语，在句中多用作插入语"。对此，笔者很疑惑：没有带主语的功能，这样的词还能被叫做动词吗？再如，"看来"在《应用汉语词典》上被标注为动词（697页），在《现代汉语八百词》中被标注为"插入语"（297页），很让人疑惑："看来"到底是动词做插入语呢，还是它本来就是短语而不是一个词？

插入语与实词（主要是动词）、与虚词（主要是连词、副词）之间到底是什么关系，也是界定插入语需要考虑的问题。

（3）插入语是话语标记吗？

在研究中，笔者经常会遇到这样的问题：插入语是传统语法中的概念，到了今天，语言研究已经扩大到篇章话语，插入语不就是话语标记嘛，它还有存在和研究的必要吗？这也促使笔者反思，插入语是不是就是话语标记？如果不是，插入语和话语标记之间的关系到底如何？笔者认为，只有摸清插入语的性质，确立插入语在语言中的地位，才能确定两者的关系。

所有的矛盾汇于一点，那就是，只有解决了插入语的划界问题，弄清楚哪些语言形式是插入语，把这些语言形式作为我们的研究对象，建立一个观察研究的平台，对插入语的研究才能有进一步的成果。

2. 插入语研究的视野和研究方法仍囿于传统语言研究之内。

目前插入语研究的视野和研究方法仍囿于传统之内，表现在：

（1）对插入语的分析还处于句法分析阶段。

从已有的插入语研究成果来看，学者们观察插入语的角度都是在句法范围之内，基本上就是单句范围之内。固然有些语言学家注意到插入语的超句使用，但是，我们没有看到进一步的成果。

扩大研究插入语的视野，在篇章和话语层面（语篇）上重新观察插入语，是基于语言事实和语言发展的必然结果。

语言研究从关注语言系统内部的句子到关注言语系统的篇章和话语，是研究方法和研究视野的一个巨大进步。而在语篇话语层面上建立插入语研究的平台，自然也是历史的必然。

我们在此的语篇概念,既包括"话语"(discourse),也包括"篇章"(text)。简单地说,语篇就是指任何完全不受句子语法约束的在一定语境下表示完整语义的自然语言。① "一个语篇最好是看作为一个语义单位,即不是形式单位而是意义单位。"② 一个有意义的语篇,是我们观察插入语的最佳平面。

从这个视角出发,这就意味着,我们要研究的插入语,是一种处于自然状态下的语言,而非人工语言和人造语言;它们出现在比句子和分句大的语言单位中,而非仅仅在单句中;它们既有书面语,也有口语;更为重要的是,我们注重的是在一定语境下的有意义的语言单位,语言使用时的社会语境因素也将纳入研究视野。而这一点,将会使插入语的研究产生突破。

(2) 从研究方法上看,定性研究和描写研究占多数。

以往对插入语的研究多数是建立在学者的直觉和语感上,基本上都是定性研究。而只凭语感和直觉来研究语言,对语言的认识自然不能说得上很全面。前人的研究成果大都只有举例和列举性的描写,没有解释插入语在语言中存在的原因,更没有阐述它的来源和发展趋势。笔者认为,如今语料库语言学带给我们新的方法,定量的统计、穷尽性的描写以及解释性的研究,会使插入语在我们面前显得更加清晰而丰满。

(3) 缺乏实践成果。

插入语一直被认为是语言中的特殊成分,在实践领域还没有足够的成果。比如在词典中很难见到对插入语的解释,即使是专业的语言功能词典,如《现代汉语八百词》明确指出是插入语的只有十几个。现穷尽列举如下:

---

① 胡壮麟. 语篇的衔接与连贯 [M]. 上海:上海外语教育出版社,1994.
② Halliday M. A. K, Hasan R. Cohesion in English. Longman, 1976.

|当然| 表示对上文加以补充。多做插入语，可省（126页）。

|即| 用作插入语，解释或说明前面的部分（252页）。

|据说| 动 本身不能有主语，在句中多用作插入语（289页）。

|看上去| 插入语。从外表估计、打算（297页）。

|看起来| 插入语。揣摩，估计（297页）

|看来| 插入语。依据客观情况估计（297页）。

|看去| 表示估计或着眼于某一方面的意思。作插入语。多用于书面。（401页）

|听去| 作插入语，等于"我听别人说"。（467页）

|听说| 作插入语，等于"我听别人说"。（467页）

|相反| 作插入语，在两个句子中起递进作用。

|相反| 作插入语，在两个句子中起转折作用。（504页）

|想来| 估计，作插入语。（506页）

|看来、说来、想来、听来、算来| 作插入语，带有估计或着眼于某一方面的意思。这里的"来"都可以改用"起来"。（309页）

|我怕、怕| 表示估计，用在谓语前，有插入语的性质。（376页）

|起来| 作插入语或句子前一部分。有估计或着眼于某

一方面的意思。(391 页)①

而事实上，语言中这种固定格式的插入语远远不止这些，大概有上百个之多，它们都被词典排除在外了。

在对外汉语教学中，插入语只能混迹于其他口语习用语之中（见常玉钟主编《口语习用语功能词典》），其独特的价值和功能没有体现出来。

此外，插入语在自然语言的计算机处理等领域也处于被忽略的位置，在分词的过程中常常被标注为动词和其他成分。或者被涮下来，无人认领。如在已经标注好的国家语委核心语料库中，插入语都被标注为动词。

谈起/v 稀有金属/n，/w 往往/d 会/vu 使/v 人/n 以为/v 它/r 是/vl 多么/d 稀奇/a 的/u，/w 很少/a 见到/v 的/u，/w 其实/d，/w 锗/n 几乎/d 是/vl 无/v 处/n 不/d 有/v 的/u，

这/r 则/c 描述/v 游方僧/tn 正塔/nh 的/u 传说/n，/w 看起来/v 似乎/d 很/d 玄妙/a，/w 但/c 实际上/nl 是/vl 很/d 合乎/v 科学/n 的/u。/w

我/r 找/v 有余/nhs，/w 我/r 闺女/n 也/d 找/v 有余/nhs，/w 看来/v 是/vl 两/m 只/q 喇叭/n 一个/mq 调/n 一/w 一/w 想/v（/w 响/v）/w 到/v 一块/n

插入语之所以处于这种被忽视、被遗忘的地位，跟它的存在形式、存在价值一直模糊不清有直接的关系。重新界定插入语，

---

① 吕叔湘，主编．现代汉语八百词［M］．北京：商务印书馆，1984．

确定插入语的地位，对词典编撰、语言教学以及自然语言的计算机处理，都将产生重要影响。

1.4 本书的目的和意义

1.4.1 目　的

本书拟在目前研究的基础上达到以下几个目的：

（1）立足于插入语，对现代汉语插入语进行全方位的深入研究，重新界定插入语的范围，认清插入语的总体特点。

（2）全面观察和描写插入语的内部构造，弄清其形式特点。

（3）描写插入语的语法分布及规律。

（4）进一步探究插入语的语义特点和类型。

（5）探究插入语的语用功能特点及其类型。

（6）探求插入语的来源，寻求导致插入语形成的机制——语言的主观性，明确插入语存在价值。插入语作为一种数量众多的语言固化格式，将为语法的动态说（Emergent Grammar）① 提供有力的证据。

1.4.2 本书研究的意义

本书的理论意义在于：

1. 明确插入语在语言中的地位。插入语是一种语言中不可

---

① 演现语法学（Emergent Grammar）：探讨语法的起源和动因，认为语法是从言谈交际中产生的。参见：
Hopper 1987，1998，Bylee 2002.
陶红印．从语音、语法和话语特征看"知道"格式在谈话中的演化[J]．中国语文，2003（4）．
陶红印 2006 年 9 月 11 日在中国传媒大学的讲座"动态功能语法理论及其应用"。

回避的语言成分,以往研究中它的面目总是扑朔迷离,更谈不上有什么独立的地位。本书力图证明语言中插入语的存在价值,对它进行全面的理论框架的建构,对它的内部结构及外部功能等进行整体研究,希望能够对现代汉语语法体系有所贡献。

2. 通过插入语的语料考察,建立动态语法学的观念。通过考察插入语,我们认识,由于交际的需要,语言中某些常用的格式会在语境的作用下,逐渐凝固,成为一种语言的固化格式,与词汇化相伴,还会进一步产生语法化。而且随着表达的需要,语言中这种格式还会处于不断的变化之中。这将证明一个观点:语法结构源于语言的运用,语法结构应该被看作永远处在半固定状态,永远会因为语言的不断运动而更新变化。[①] 这为语法的动态说(Emergent Grammar)[②] 或语言共时语法化理论提供证据。

本书的实践意义在于:

1. 界定插入语的范围,为词典的编撰提供依据。过去大量插入语之所以未被收录,多是由于插入语的语表形式没有确定,而插入语的语义功能又很复杂。笔者致力总结和研究典型的插入语,描写它们的形式和语义功能,使一部分已经词汇化的插入语进入词典成为可能。

2. 对插入语的形式特征、内部结构、语法分布、语义功能等进行描写和研究,能够为插入语的信息处理以及对外汉语教学提供依据和参考。对汉语本体的研究是汉语教学的基石,我们对汉语中存在的插入语现象了解得越深入,对汉语教学越有价值。

---

① 陶红印. 从语音、语法和话语特征看"知道"格式在谈话中的演化 [J]. 中国语文,2003 (4).

② Emergent Grammar,Hopper 1987,1998,Bylee 2002.
陶红印. 从语音、语法和话语特征看"知道"格式在谈话中的演化 [J]. 中国语文,2003 (4).

1.5 研究方法和语料来源

本书研究采用的方法是基于语料库的统计和分析的方法。传统的语法研究多凭学者的语感和直觉罗列语言现象，这会让我们忽略很多重要的语言现象，得出偏颇的结论。而利用语料库中的实际语料进行研究，则会让我们注意到插入语出现的真正的句法环境，数据的统计会让我们认清它在语言中所处的地位，从而得出更为准确的观点。

语料库具有"大规模"和"真实"这两个特点，因此是最理想的语言知识资源，基于语料库的分析方法是对传统的基于规则的分析语言的方法的一个重要补充。

我们考察的插入语来源于语料库的提取和筛选，以及日常的收集。主要利用了两个语料库。

一、国家语委现代汉语语料库

该语料库由国家语言文字工作委员会主持，建于 2001 年。定位为系统型语料库，库容量为 7000 万汉字。按照通用性、描述性、实用性等原则系统地抽样选择了 1919－1992 年的现代汉语语言材料 7000 万字，由人文与社会科学、自然科学及综合三个大类约 40 个小类组成。具体类别如下：

1. 人文与社会科学类划分为 8 个大类和 30 个小类：（1）政法：哲学、政治、宗教、法律；（2）历史：历史、考古、民族；（3）社会：社会学、心理、语言文字、教育、文艺理论、新闻、民俗；（4）经济：工业经济、农业经济、政治经济、财贸经济；（5）艺术：音乐、美术、舞蹈、戏剧；（6）文学：小说、散文、传记、报告文学、科幻、口语；（7）军体：军事、体育；（8）生活。人文与社会科学类语料占语料总量的 59.6%。

2. 自然科学划分为 6 类：数理、生化、天文地理、海洋气象、农林、医药卫生。自然科学类语料占语料总量的 17.24%。

3. 综合类语料由应用文和难于归类的其他语料两部分组成。应用文使用很广泛，主要涉及以下 6 类：（1）行政公文：请示、报告、批复、命令、指示、布告、纪要、通知等；（2）章程法规：章程、条例、细则、制度、公约、办法、法律条文等；（3）司法文书：诉讼、辩护词、控告信、委托书等；（4）商业文告：说明、广告、调查报告、经济合同等；（5）礼仪辞令：欢迎词、贺电、讣告、唁电、慰问信、祝酒词等；（6）实用文书：请假条、检讨、申请书、请愿书等。综合类语料占语料总量的 9.36%。

取材于报纸的语料，难于划分门类和语体，因此单独计算，报纸语料占语料总量的 13.79%。另外，取材于教材的语料总量有 2000 万字，已经按学科计入各类语料。

语料来源包括教材、报纸、综合性刊物、专业刊物、图书等。每个样本的容量为 2000 字左右，书籍的抽样字数一般占全书总字数的 3%－5%，最多不超过 10000 字；每本刊物上所选的总字数原则上不超过 5000 字。

以此为基础的现代汉语核心语料库的字数为 2000 万字，为分词语料库。在语料筛选上突出 1977 年以后的新语料，注意选用内容通俗、通用性强的普及性语料。

二、《现代汉语传媒有声语言普通话样本库》

该语料库是中国传媒大学有声媒体语言分中心 2005 年建立的动态语料库。已经有广播电视文本语料 5200 万字，其中电视节目文本语料 4200 万字，广播节目文本语料 1000 万字，已标注文本 1000 万字。目前该语料库仍在不断更新扩展中。

两个语料库在时间上互有衔接，内容也互有补充，有助于全面考察和认识插入语。

1.6 本书的结构安排

第一章为绪论，主要介绍插入语研究的历史和现状、目的和研究意义等。

第二章根据人们界定插入现象的三项扩展了的标准，全面观察插入现象，界定插入语的范围，将临时的言语的插入成分、凝固的语言成分以及半凝固的插入成分这三者区别开来，初步确定后两种即习用的插入语为我们的研究对象，为全面考察插入语奠定了基础。

第三章将插入语与插入成分，插入语与短语，插入语与词，插入语与一般固定短语，插入语与关联词语，插入语与话语标记进行比较，总结出插入语的三种特点，即形式的相对凝固性、分布的附着性、语义的非命题性。在此基础上，将插入语界定为：插入语是结构和意义相对凝固的熟语，以此为依据在语料库等进一步筛选出 270 多个插入语，作为我们的研究对象。

第四章从不同的角度对插入语的语表形式进行了细致的描写和分类，观察到插入语在语表形式上呈现出来的特点，如插入语多以"说"、"看"、"知"、"想"类动词为中心词等，为进一步研究插入语的来源提供了线索。

第五章从插入语和核心句之间的语法关系的角度，将插入语分为独立的插入语和黏着的插入语，连接性插入语和非连接性插入语，以及定位插入语和不定位插入语。对插入语的位置研究有了新的角度，得出了新的结论。

第六章通过考察"说"、"看"、"想"、"知"类插入语，进一步总结出插入语的语义特点，它表达的是一种整体凝固的虚化的语义，这种语义来源于结构意义和语用意义，其中语境对于确定插入语的语用功能义起决定作用。

第七章在共时的平面上阐述了插入语的本质功能——表达语言的主观性，这也是插入语在语言中存在的价值。插入语附加在核心句上，帮助核心句加强、凸现和关注交际的双方：说话人和听话人。并将插入语分为主观性插入语和交互主观性插入语。

第八章阐述插入语的另一种功能——篇章连接功能，并将其分类。我们发现，插入语在句间起连接作用，经常通过的是指代性词语、逻辑关系、拟对话形式以及话轮承接等手段。

第九章初步探讨了插入语虚化的机制，指出表达语言主观性的动因，驱使着插入语的形式和意义发生虚化，进而形成了具有熟语特点的插入语。

第二章 插入语的范围

插入语的范围是导致插入语研究纷繁复杂的主要原因，也是研究插入语的出发点。为了认清插入语，有必要从整个插入现象的考察出发，明确我们的研究对象。我们的考察基本上还是建立在前人研究的基础上，重新进行理性的思考。

2.1 界定插入语的三项基本标准及扩展了的标准

所谓"插"，《现代汉语词典》的解释就是"长形或者片状的东西放进挤进刺进或者穿入别的东西中"，或者"在中间加进去、加到中间去"。

人们早期开始关注语言中的插入现象，并把这种现象命名为插入语，应该是基于这样的认识：插入就是打断一个常规的语言序列（X），放进另一个语言成分（C），典型的插入语句子用公式表示就是：

X_1+C+X_2 （$X1+X_2=X$）

C 是插入语，X 是被插入的物体。这里包含着人们对插入语的三个基本认识：

1. C 是放在 X 的中间的。
2. C 跟 X（$X_1+X_2=X$）不相干。
3. C 对语言表达有特殊的功能。

这三个基本认识可以看作三项基本标准，1 显然是位置标准，2 是关系和语义标准，3 是功能标准。

但是前人的研究成果对前两项标准都有突破。

1. 扩展了的位置标准

根据张中行先生的观察，插入语放在句中这个标准只有《中学教学语法系统提要》严格执行了。按照《系统提要》，即使是插入的话，要在句子中间才算。① 同时，把放在句首的"据说"、"可见"、"看起来"以及"例如……"、"特别是……"分别看作评论性状语和关联性状语。②

但是其他语言学家好像都没有遵循这条标准，比如王力先生所谓的插语法，所举插入语的位置有在句中的，也有用在句首的。

(1) <u>我想的事，不为别的</u>，只想着我们一月所用的头油脂粉又是二两的事。（《红楼梦》五六）
(2) 我们大姑娘，<u>不用说</u>，是好的了。(65)
(3) <u>不是我说没能耐的话</u>，要像这样，我竟不能了。（又，七二）③。

---

① 叶南薰. 复指和插说 [M]. 上海：上海教育出版社，1983：47.
② 叶南薰. 复指和插说 [M]. 上海：上海教育出版社，1983：48.
③ 王力. 中国现代语法 [M]. 北京：商务印书馆，1944/1985.

又如,赵元任先生举的例子中:

(1) 不知道他玩儿的是什么把戏?(包含有计划的插入语)
(2) 他不知道玩儿的是什么把戏?(包含有计划的插入语)
(3) 他玩儿的什么把戏,不知道?(追补语,其前可能有正的或负的停顿)

例(1)中,插入语 C 位于句首,是 C+X($X_1+X_2=X$),例(2)中的"不知道"位于主语之后,谓语之间,是 X_1+C+X_2($X=X_1+X_2$)这是句中的位置,这两例赵先生认为都是含有插入语的句子。而对于句末的"不知道",赵先生则认为是追补语。[1]

北京大学《现代汉语》、张静《汉语语法问题》明确指出插入语可以放在开头。也有人认为,插入语的位置是不固定的,可以在句首、也可以在句末,有的还可以在句中[2]。后来这种位置灵活的观点占了大多数。[3] 因此,我们说,插入语从一开始就并未被人们当作位于句中的语言成分,位置标准已被突破。位置因素不能成为确定插入语的主要因素。那么人们为什么还把它们称为插入语呢?原因也许就是插入语 C 在语义上和 X 不相干。事实上,这项标准也早就被突破了。

2. 扩展了的语义标准

王力早期说插入语"似乎是多余的话":"关于插语法的辨认,咱们可试试把插入语的话去掉,看那句话是否仍旧不丧失它

---

[1] 赵元任. 汉语口语语法 [M]. 北京:商务印书馆,1978:76.
[2] 胡裕树,主编. 现代汉语:重订本 [M]. 上海:上海教育出版社,2003.
[3] 黄伯荣、廖序东《现代汉语》及各种教材.

的意思。如果是的，就可以说是插语了。"① 但是后来王力举的例子又是附注式的插入语和高层主谓结构的插入语，意义开始受到关注。

插入语在结构上跟 X 没有关系，但句意上有联系，那么这种句意联系是什么？首先肯定不能是复句逻辑关系，即 C 不表示因果、转折、并列的关系②。如果存在这三种关系，C 就是标识逻辑关系的关联词语了。

C 和 X 之间并非不相干，而是确实存在一种语义关系，这又突破了语义标准。那么两者之间到底是什么样的语义关系？每个学者都认识到 C 和 X 之间的复杂的语义关系，并且坚持不懈地努力，试图对这种语义关系进行分类。

前人的研究有意无意跨越了插入语的两项标准，那么 C 仍然是插入语的原因，也许就在于第三项标准——它们的特殊功能。这是一种什么特殊功能？也许认清楚这种功能，就能理解插入语的本质。

我们对插入语的考察原则上基于前人扩展了的标准之上，即插入语的位置已经不限于句中，也不限于单句，甚至还存在于比句子更大的话语和篇章之中。插入语也不是标识分句间的逻辑关系的语言形式。最重要的是，插入语有一种我们还没有认清的特殊的功能，这种功能导致它成为独立于各种词类和句法成分之外的特殊的语言成分。

但是即使按照以上三项扩展了的标准，插入语对我们来说还是模糊不清。仅仅从位置、语义和功能三方面并不能把插入语从纷繁复杂的语言现象中凸现出来。就像我们清楚地描写了一个人

---

① 王力．中国现代语法：下册 [M]．北京：中华书局，1954：241．
② 按照邢福义的复句分类法。
  汉语复句研究 [M]．北京：商务印书馆，2002：38．

的社会地位、社会关系、社会贡献,并不能代替对本人的描述一样,我们不能忽视了插入语 C 本身的形式是什么,而这正是我们研究插入语的起点。

2.2 对插入语 C 的形式考察

在大量的语言事实的基础上,按照扩展了的插入语的标准,我们划分出了 C,并把 C 分为三类:

2.2.1 临时的言语的插入成分

所以称为言语的插入成分,是因为这类插入成分数量是无限的,可以无限生成,随意翻新。其中又可分为:
(1) C＝临时的按注性的句子
早在古代汉语里就有这样的插入成分出现,可以说是传统的插入语。例如:

项王、项伯东向坐,亚父南向坐,<u>亚父者范增也</u>。沛公北向坐,张良西向侍。(《史记·项羽本纪》)

是鸟也,海运则将徙于南冥——<u>南冥者,天池也</u>。(庄子《逍遥游》)

现代汉语中,这样的例子更多。说话人在核心句上,临时插进去一些话,目的是为了补充或者解释核心句或者核心句的部分内容。例如:

恰好有辆刚打好的车——<u>定做而没钱取货的</u>——跟他期望的车差不甚多。(《骆驼祥子》;王力《汉语史稿》例)

赵元任先生所说的"离题的话",也属于这一类。

一个偏见太深的人啊——我这不是说你,啊!——没法子跟他说理的。

一百年以后的世界——要是还有世界的话——一定有许多更新奇的发明。

这么大的光圈——别动!——我得把远近对准了。(赵元任《汉语口语语法》例)

这些破折号后面的插入成分从语言单位上说,有的相当于从句,有的相当于分句,还有完全独立的句子。插入的位置比较灵活,只要是临时想起来要补充解释的,都可以随时停下来插入。常常有插入的外在标记:破折号、括号和语音标记。书面的插入语常用破折号或者括号;口语中临时插进去的话,总是用很快的较低的语气语调说出来,和核心句以示区别。插入的目的是补充说明核心句。临时插入的话都是因前期表达的不足而加以弥补,我们把它们归为一种按注性的插入成分。

(2) C=高层主谓结构

把一个核心句打断,插进去一个主谓短语,比如"他说"、"他晓得"、"他认为"、"他告诉我"之类:

就在这种层层剥削下,溪港乡白杨村的现任妇女大组长告诉我们说,当年欠了村里的一个地主三十元债,被占去了田还不够……(《语法修辞讲话》例)

有了自己的车,他以为,就有了一切。(《骆驼祥子》;《汉语史稿》例)

虎姑娘一向,他晓得,不这么打扮。(《骆驼祥子》;《汉语史稿》例)

按常规语序，这些句子应该是：

<u>溪港乡白杨村的现任妇女大组长告诉我们说</u>，就在这种层层剥削下，当年欠了村里的一个地主三十元债，被占去了田还不够……
<u>他以为</u>，有了自己的车，就有了一切。
<u>他晓得</u>，虎姑娘一向，不这么打扮。

从整体上看，这些句子实际上是动词宾语句，插入的成分是一个上一层主谓短语。我们称之为高层主谓结构。我们注意到，高层主谓短语的动词都是言说类动词或者表示思想、感觉的动词，比如"说"、"想"、"认为"、"觉得"、"感到"等，主语都是第三人称。

（3）C＝口头禅式的词语。
如："他妈的"、"这个"、"这个"等。
这类插入成分的位置灵活，插起来也随心所欲。还包括语言中无意义的冗余成分。

（4）C＝称呼应答式的词语。如：

<u>小张</u>，那件事你办了没有？
他一翻脸，<u>嫂子</u>，你吃不了兜着走。（王力《中国现代语法》例）

（5）C＝感叹词语。如：

<u>啊</u>，多么令人心醉的绚丽灿烂的秋色啊！

还有"嗯"、"哦"、"啊"、"哎呀"等。

2.2.2 凝固的语言结构

现代汉语中还有的插入成分是凝固的语言结构,犹如王力先生的"准插语"和赵元任先生的"有计划的插入语"之类。它们数量是有限的,形式是固定的。

王力先生在插语之下附立"准插语"一类,对此,王力先生有一段话说得很清楚,对我们很有启发。

> 有些语式,认为插语或不认为插语,都可以说得通;但若认为插语则觉得语意贯串些。此类最常见者为"不知"二字,用于疑问句里。例如:
> 明日<u>不知</u>是谁带匠人来监工?(《红楼梦》二四)
> 这句话如果不是疑问句,"不知"自然不当认为插语,因为"是谁"以下就是"不知"的目的语(宾语——引者注);但现在实际上是疑问句,说话人不是要说明他的"不知",而是要询问"是谁","不知"二字可有可无,就变成插语的性质了。①

与"不知"类似的还有"眼看着"等。并且举例:

> 说着抢了镜子,<u>眼看着</u>他飘然去了。(假如不承认这里有插语,就该解释为"那跛足道人抢了镜子,代儒眼看着他飘然去了,"自然也通,但若以"眼看着他"为插语,则"抢了镜子,飘然去了",语气非常紧凑。)②

---

① 王力.中国现代语法 [M].北京:商务印书馆,1944/1985.
② 王力.中国现代语法 [M].北京:商务印书馆,1944/1985.

这里的"不知"、"眼看着"都不能随意添加主语，改为"我不知"或者"我眼看着"，所以它们是一种凝固的语言结构。

语言中类似这样结构已经凝固的插入形式有很多，例如"事实上"、"说心里话"、"广义地说"、"应当说"、"可以说"、"据说"、"听说"、"看起来"、"总而言之"等等。笔者注意到，这些插入形式在语义上已经不再限于按注性的了，但是在大家眼里它们仍然是插入语，其中的原因可能不是在于位置和语义，而仍然在于它们的特殊功能。

2.2.3 半凝固的结构

半凝固的结构，指的是由一半语言成分加上一半言语成分组合而成的语言片断，也就是带有固定框架的语言结构。例如"据……说"、"听……说"、"以……为例"、"在……看来"、"正如……所说"、"依……看"、"例如……"、"即……"等等。中间的"……"是不定的言语成分，前面有固定的词语，因此称为半凝固的结构，亦称之为"待嵌结构"。一般认为，它们位置可前可后，表意复杂，功能特殊。因此，也是一种公认的插入成分。

2.2.4 小　结

通过以上全面考察，我们看到，临时的言语的插入成分，数量是无限的，语言学家达成的共识较多，普遍认为它们形式比较随意，内部同质性不高。它们不能算是研究插入语的优质的样本。我们将它们称为插入成分。这类插入成分语义功能也比较单一，最为典型的是附注式的成分，用来补充说明前项的。毫无疑问，它们最主要的功能是补充和注释功能。这是插入语的传统功能，也是人们对插入语的一种普遍认识。

但是，现代汉语中存在着大量的凝固的语言形式以及半凝固的语言形式构成的插入成分，它们有着与前面的插入成分迥异的

面目:

　　首先它们的形式更为稳固一些,有比较明显的结构标记,常常以整体的形式和核心句结合。相对而言,具有形式明显、划界清楚的特点,其内部成分同质性较高,作为插入语的样本具有典型性。

　　其次,它们在语义上并不限于按注性,功能上也不仅仅是补充功能。更为重要的是,这类插入成分作为一个整体还没有被前人关注过,古代汉语中也不存在这种格式,它们从何种语言形式而来?它们在语言中的功能和作用又如何?带着疑问,我们将这一类结构凝固的语言结构和半凝固的插入成分作为我们考察和研究的主体,并将这两种类型的语言成分称为插入语。这将成为研究各种插入现象的基础。

2.3　对核心句 X 的形式考察

2.3.1　X 的类别

　　作为插入语的共生体 X 的形式过去也少有人论及。但是,这是插入语活动的平台,从意义上说,这是插入语的辖域(Scope)[①]。因此我们有必要认识得更清楚一些。

　　根据语料可以看出,跟插入语组合的核心句 X 可以是句子——单句或者复句,还可以是句群。具体来说,有以下几类:

　　2.3.1.1　$X=(X_1+X_2)=$ 单句

　　从学者们所举例句来看,插入语大多插在一个完整的单句中。

[①] 辖域,用于指语言中受到某个成分意义影响的范围(从一个词语到一段话语)。

吴为章,编著. 新编普通语言学教程 [M]. 北京:北京广播学院出版社,1999.

(吕叔湘、朱德熙、赵元任等)。语料显示,有的插入语常常和单句组合。例如"不知道"、"看样子"、"明摆着"、"不用说"等。

例句如:

(1) 这不是<u>明摆着</u>对发展中国家体育封杀遏制吗?
(2) 至于植物、动物、人类,<u>不用说</u>是有生死的了。
(3) 他显然有点忙乱,拿起了笔,于是客客气气的询问了一些无聊的东西,譬如姓名哪,籍贯哪,年岁哪,以及<u>天晓得</u>什么"罪由"哪。

2.3.1.2　X＝(X_1, X_2)＝复句。

王力先生举的例子中,C可以插在复句中。比如"有了自己的车,<u>他以为</u>,就有了一切。(老舍《骆驼祥子》)"插入了一个条件复句中。[①] 北大中文系编的《现代汉语》(1995年)认为插入语可以插在两个紧接的分句之间。

我们的语料显示,有的插入语出现在复句中。例如:

(4) 解放了,当家作了主人,这些从旧生活中遗留下来的字眼,<u>按理</u>应该被淘汰掉,有人也努力想把它改过来,可不知为什么,终也改不了。
(5) <u>不言而喻</u>,这是人民借用戏剧的形态来宣泄自己对黑暗政治、腐败政权的不满与痛恨;利用舞台天地对人间天地的皇亲国戚⋯
(6) 还有人说我这新发型,是毛头小伙儿的脑袋安在了中年男子的身体上,怎么看怎么不顺眼!<u>老实说</u>,别说你们

---

① 王力. 汉语语法史 [M]. 北京:商务印书馆,2000:336.

看不顺眼了，起初那几天，连我自己都看着不顺眼。

例（4）中插入语"按理"插在一个转折复句中。例（5）句中，"不言而喻"的辖域是一个并列复句。例（6）中，"说心里话"的辖域是一个递进复句。

2.3.1.3　X＝（X_1，X_2，……）＝句群

邢福义先生也指出一种接句式插入语，如"这就是说"，"换句话讲"之类，起的是承接上句引出下句的作用。它们在句与句之间起关联作用，不属于某一小句[①]。据我们观察，很多C，如"一般地说"、"这就是说"、"换句话说"、"恰恰相反"、"总之"等，连接的是句以上的语言单位——句群。句群是在语义上有逻辑联系，在语法上有结构关系，在语流中衔接连贯的一组句子的组合。是大于句子、小于段落的语言单位。[②] 廖秋忠、沈开木的例句中，插入语连接的也有句以上的语言单位[③]。例如：

（7）然而，这项工程的兴建将会对各方面产生影响。由于河流改道，将淹没大片农田，破坏几百处名胜古迹，并使几十万农民背井离乡。至于对自然环境的影响，目前尚不得而知，但有人认为，它不仅会影响苏联本身和整个欧洲，而且包括整个北半球。（转引自廖秋忠例子）

在这个例子中，"至于"连接的前一部分是两个句子，后一部分是一个转折复句。又如：

---

① 邢福义. 汉语语法学［M］. 长春：东北师范大学出版社，1997：127.
② 吴为章，田小琳. 汉语句群［M］. 北京：商务印书馆，2002：84.
③ 廖秋忠. 廖秋忠文集［M］. 北京：北京语言出版社，1992.
  沈开木. 句段分析［M］. 北京：语文出版社，1987.

(8) ……所以此种铸币呈金黄色，制作也精美。后来多有仿者，但铜质都较差，制作也粗糙。顺便说一下，因为罗汉钱在民间被视为一种吉祥物，或定情，或生子所用，于是人们以为凡康熙钱均为罗汉钱，这是一种误解。

这里，"顺便说一下"连接的两部分是大于句子的语言片断。

我们看到，与插入语共现的核心句 X 的形式多样，并不局限于单句。下面我们以一个具体的插入语为例，以求窥一斑而见全豹。

2.3.2 "就……来说"的核心句 X 的考察和统计

通过语料统计，具体考察"就……来说"后面的核心句的形式。看看 X 是属于单句（X_1+X_2）、复句（X_1，X_2）还是句群（$X=X_1$，X_2……），统计哪种形式出现得比较多，从而证明 X 并非只是以单句形式存在，为我们扩大研究插入语的平台寻求支持。

据统计，在《国家语委现代汉语语料库》中，带"就……来说"的句子共有 81 个。语料显示，"就……来说"连接的可以是单句，也可是复句，还有句群。

其中，核心句是单句的有 47 个，占总数的 58%。例如：

(1) 这种资金从哪里来呢？就我国目前的情况来说，在我们的财政收入中，直接来自农业和间接来自农业的，占大多数。

(2) 比如，"老婆"作为一个词，就实指意义来说，是"妻子"，就附加色彩来说，则带有口语和粗俗色彩；

以上"就……来说"在一个单句中。

核心句是复句的有 17 个，占总数的 21%。例如：

(3) 就企业内部来说，各工序之间生产能力及其利用程度的不平衡，供能与用能环节之间的不协调，都是造成能源浪费的重要因素，｜必须……
(4) 因此，贯彻少而精是实现启发式的前提和条件。就一定意义上来说，在教学中不切实做到少而精，｜就不可能贯彻启发式。

以上"就……来说"处于复句中。

核心句是句群的也有 17 个，占总数的 21%。例如：

(5) 就柳州地区来说，一是要把保水田逐步建成吨谷田，二是要把不保水田改为水浇田，种木薯、玉米之类的旱田作物，在其生长期内……
(6) 就上海情况来说，原来是用六点一五级的原棉加工絮棉的，每斤零售价是一元零二分；今年敞开供应的絮棉是用六级原棉加工的，……

以上例句中，"就……来说"所处的核心句都是句群。

以上数据显示，核心句（X）是大于句子的语言片断超过 21%。如果以单句为界，那核心句是非单句的占了将近 42%。这个比例还是很高的。

须要提醒的是，以上统计，并不能证明"就……说"所带的核心句 X 倾向于以单句形式出现。笔者认为，人们在插入语之后使用单句或者复句或者句群，更多的是出于表达的需要。意义简单就用单句，X 就是单句；意义复杂点就用复句或者句群，X 就成为复句或者句群。

但是，确实也有插入语对所带的核心句是单句、复句还是句群，是有一定的选择性的。"就……来说"是一个没有连接功能的插入语。它带单句或者复句或者句群都没有限制。如果是具有连接功能的插入语，如"闲话少说"、"顺便说一句"、"退一步说"，则它们连接的核心句，句以上的语言片断的数量应该更多一些。

因此，上述的统计并不能代表某种绝对的倾向（即单句是 X 的主流形式）。我们在此只是要证明，以往对插入语的研究，只限于在单句中研究是不够全面的，事实和数据证明很多插入语是处于大于单句的语言片断之中，比如"就……来说"中的非单句数量就达到 42%。因此，我们考察插入语，不能仅仅局限于单句中。

由于我们考察的重点是插入语，为了方便论述，我们继续沿用核心句的概念。但是我们应该明确认识，这个核心句已经超出了句子，是大于等于句子的语言成分。插入语的研究平台已经扩大到大于等于句子的语篇层面。

2.4 小　结

本章解决了我们在前言中提到的插入语划界的第一个困难：插入语是语言成分，还是言语成分。我们依靠前人对插入语的界定标准，在全面考察插入现象的基础上，对插入语的范围作出了界定，初步确定了我们的研究对象，即 C＝凝固结构或半凝固结构的插入语，这类语言成分，将是我们研究的主体。我们把插入语的语表形式限定为凝固半凝固的结构，将有助于进一步认识插入语的性质以及功能特点。根据语言事实的统计结果，我们将研究插入语的平台也扩大到单句以上的语言单位。

第三章 插入语的特点和性质

我们在前一章确定了插入语研究的初步范围,这一章将集中关注现代汉语中凝固和半凝固的插入语,明确它们的形式特点,以进一步从纷繁复杂的语表形式中选取我们的研究对象,建立一个插入语表。据语料观察,插入语有一些可以用形式验证的界限,与其他语言形式相比,它们有三个重要的特点:形式具有相对的凝固性,分布上是附着的而不是插入,语义的非命题性。下面我们通过对比来阐述这些特点。

3.1 形式的相对凝固性

从语言单位上看,大部分插入语的语表形式是短语或者比短语大的单位,但是和一般短语相比,插入语有一些特殊之处。插入语的结构和意义是凝固的,不能随意更改。虽然如此,我们认为插入语仍然没有取得词的地位,词的形式是固定的,而插入语的形式存在一些变体,因此我们可以认为,插入语是一种语言的固化单位，具有相对的凝固性。

下面我们从插入语和短语、插入语和词的区别这个角度来认清这个特点。

3.1.1　凝固性：插入语不同于临时短语

插入语的形式凝固的特点，可以通过插入语和临时短语的区别显示出来。

短语是意义上和语法上能搭配而没有句调的一组词。按短语构成要素是否凝固来分，可分为固定短语和临时短语。固定短语又叫熟语，具有结构的定型性、语义的融合性以及功能的整体性等特点。而临时短语则是意义的相加和组合。插入语在形式上表现出来的特点和固定短语（熟语）非常一致。

1. 插入语具有语义融合的特点。

所谓"语义的融合"，是指其意义不等于构成成分的简单相加，其内部各部分的意义相互制约、互相依赖，并在其他许多因素的作用下融合在一起，表达一个新的完整的意义。

从意义上看，插入语的内部结构和它所表达的意义之间没有直接的关系，它的意义不是各个构成成分的组合。而临时短语则相反。例如，在"没说的，我们一定伴你走完这段路。"这个句子中，"没说的"并不是"没有话说"的意思，不是否定，而是十分的肯定，还有让对方相信的意思。否定词全然失去意义，语义已经融合。

又如，"让我说"在下面两个句子中：

（1）a 他老不让我说！
（1）b 让我说，我们还是在家等他吧。
（2）a 这事不是我说的。
（2）b 不是我说，你这个人也真太马虎，太大意。

(1) a 句中"让我说"是句中的语法成分,是由三个词组成的兼语词组,是"让我说话"的意思,意义没有发生变化;(1) b 句的"让我说"已经从句中独立出来,不充当句中成分,并不表达"让我说话"的意思,而表示说者的一种主观看法和建议,相当于"我认为"或者"我建议"。同样,(2) a 句中"不是我说"是一种直接的否定,而(2) b 中的"不是我说"则失去了否定意义,表示对某人某事的议论是正确的。因此,我们认为前者是临时的实义动词短语,后者则是我们要研究的插入语。

2. 插入语有结构定型的特点

结构的定型,指的是其构成成分和结构关系都是固定的,不能随意替换结构成分或者改变其结构关系。

从结构上看,插入语内部结构不能随意分开,中间不能再插入其他成分。即使有些看起来形式上是句子的,也不能随意分开。而临时短语的内部则可以分开,可以插入其他的成分。例如:

(1) 如果您想布置安静优雅的室内环境,请到美术馆对面的百花美术商店选购各种风景油画。
(2) 如果您这个《大宅门》,起用的全部不是明星,全部是观众陌生的面孔,您想会产生现在这种轰动效应吗?

例(1)中,"您想"是前一分句中的主语和谓语,这里的"您想",两个词语之间可以加入"真的"、"的确"等副词,所以是比较松散的。例(2)中的"您想"却是凝固的结构,不能加"真的"、"的确"等副词,也不能变为:

　　＊您呀,想会产生现在这种轰动效应吗?

如果加语气词，也要加在整个插入语的后面：您想呀……
又如：

> 福生看出他眼睛眨得有名堂，心想，莫非又有什么新情报？故意搭腔，"刘排长，不瞒你说，以前我吃过百家饭，是个小佛头，什么时候刘排长闲空，我讲点给你消消遣。"

这里的"不瞒你说"不能随意改变成"没瞒你说"或者"不会瞒着你说"，整体结构已经凝固。同样，前面的"没说的"不能变为"没有说的"。

杨书俊博士论文（2005）也证明，汉语三音节词语中有许多词语可以独立充当插入语，它们不与其他任何成分黏合，独立性很强，如"基本上"、"实际上"、"再者说"、"就是说"、"要不然"、"比方说"、"总的讲"、"换言之"等等，它们都是一个相对自足和自由的单位，在词语结构内部，一般不允许其他成分进入其间。①

3. 插入语具有功能的整体性

所谓"功能的整体性"，指的是它们同词一样，都可以用一定的语法规则把它们组织起来，构成句子去同别人交际。也就是说，它一般总是作为词的等价物来使用的。

一种语言形式在语义上和结构上的融合和凝固，表现在功能上有其独特性。上面所举的例子中，"没说的"、"让我说"、"您想"等插入语形式，在功能上已经和原来的本意发生了变化，有一种更为独特的语用上的表达功能。我们对比一下，加入插入语

---

① 杨书俊. 现代汉语三音节研究：博士论文 [D]. 2005.

的句子，和没有插入语的句子，表达功能不大相同。

(1) a 没说的，我们一定伴你走完这段路。
(1) b 我们一定伴你走完这段路。
(2) a 让我说，我们还是在家等他吧。
(2) b 我们还是在家等他吧。
(3) a 如果您这个《大宅门》，起用的全部不是明星，全部是观众陌生的面孔，您想会产生现在这种轰动效应吗？
(3) b 如果您这个《大宅门》，起用的全部不是明星，全部是观众陌生的面孔，会产生现在这种轰动效应吗？

从语感上来看，没有插入语的句子，显得更生硬一些。而加入插入语的句子，有了一些人情味。这点人情味，就是插入语的语用功能，这也是我们在后面将要详细论述的。

3.1.2 相对的凝固性：插入语不同于词

插入语与词的区别，显示插入语的凝固还处于动态变化中，具有相对性。

1. 插入语大多是无法断定词性的语言成分。这一点和大部分词都能清楚地标出词性不同。

先看双音节的插入语，虽然有词的外在形式，但是其词性很难断定。例如《应用汉语词典》中把"据说"、"据称"、"据传"、"据悉"、"传说"、"想来"、"听说"等双音节的插入语都标注为动词，但又注释道"本身不能有主语"，不能有主语，这样的"动词"已经不具备动词的基本语法特点，那它还能不能被称为动词？

再看三音节的插入语，情况也很复杂。有的插入语已然被证明具有词的资格，如"基本上"、"实际上"、"再者说"、"就是说"、"要不然"、"比方说"、"换言之"等,但很难断定它们的词性。有的三音节插入语仍处于词和短语之间的混合地带,如"想想看"、"你想啊"等。三音节以上的插入语,都不具备词的资格。

插入语有的失去了词的基本语法功能,有的甚至不具备词的形式。因此,我们认为,插入语不能被看作词。

2. 插入语的形式固化程度不高。

插入语不是词,还突出表现在很多插入语的语表形式都处于动态变化中。前面说到,插入语都是结构凝固的形式。但这不是绝对的。有的插入语固化程度很高,有些插入语的形式固化程度不太高,它们的组成成分,可以有局部的变化。插入语形式的固定是相对的,最明显的就是半凝固结构的形式就还未成型。半凝固的插入语,一半很固定,另一半可以随意变化,介于语言和言语之间,具有动态性。插入语的凝固性是相对的。

再看那些结构凝固的插入语,其内部形式也不是绝对固定不变的,有的插入语凝固得比较紧,有的插入语可有局部的省略、扩展和变化。但是我们还是能看出它们之间的关系。语料显示,插入语的形式变化有以下几种情形:

(1) 凝固

有的插入语在基本形式上可以进一步凝固,最终会改变结构关系:

按理说——按理——按说　　照理说——照说——照理
相比较而言——比较而言　　再者说/再则说——再说
总而言之——总之　　　　　简而言之——简言之
析而言之——析言之　　　　要而言之——要言之
同样的道理——同理　　　　总的来说——总的说
从总体上来说——总体上来说——总体来说——总体上说——总体说

从总体上来看——总体上来看——总体来看——总体上看——总体看

我跟你说正经的——我说正经的——说正经的

你还真别说——还真别说——真别说——别说

表面上我们可以清楚地看出它们之间的传承关系，但是，我们还很难断定，这些不同的语表形式在语义功能上是否一致。按照"每一种语言形式的存在都有其功能上的需要"这种观点，在插入语表中，我们尽量还是按照不同的形式来对待。

（2）省略和脱落

语料库显示有的插入语有省略形式和脱落形式。包括三类：

A. 省略主语的插入语。

很多插入语的形式存在着有主语和没主语两种。例如：

你还别说——还别说　　　　我老实说——老实说
我不瞒你说——不瞒你说　　我这么说吧——这么说吧
咱说正经的——说正经的　　我们反过来说——反过来说
我说句不客气的话——说句不客气的话

B. 省略中间部分的插入语。

待嵌结构中，中间部分的内容如果是众所周知的，或者有上下文，不须明说的，就常常被省略，变成凝固结构。例如：

据……说——据说　　　　　据……调查——据调查
据……统计——据统计　　　据……报道——据报道
据……研究——据研究　　　据……记载——据记载
相对于……来说——相对来说

C. 脱落

有的语气词、副词、结构助词等出现在插入语中，有时可以脱落而不影响意义。例如：

这么说来——这么说　　严格地说来——严格地说
要我说嘛——要我说　　可不是吗——可不是——可不
再者说了——再者说　　跟你这么说吧——这么说吧
这下子——这下　　　　话是这么说啊——话是这么说
当然啦/喽/了——当然　　真可谓——可谓
你还真别说——你还别说　令人遗憾的是——遗憾的是

但是，也有的语气词和结构助词会使语义发生变化。下面是两个常见插入语的变体形式。

"我说、你说"的变体形式

原　形	我说	你说
重叠形式		你说说
加语气助词	我说呀、我说啊、我说嘛、我说呢、我说么、我说吧	你说啊 你说嘛
尝试态		你说说看
其　他		你说说你

这里的原形和变体形式在表义上大相径庭。例如：

(1) 我说，白飞同志，你也用不着客套。依我看，你只要这样坚持下去，前途真是未可限量呢，哈哈！
(2) 发现她口袋鼓鼓的，立即搜身，把两个豆包掏出来，婆婆立即大叫："你这没脸没皮的东西．竟敢往娘家偷东西！<u>我说呢</u>，粮食囤总是见少，原来家里有贼！你说，每次回娘家，偷了多少东西？"

(3) "我现在沧州工作，生活上不适应，<u>您看</u>能不能调到北京来？"

(4) 求您开个恩，给我换个活儿，也许还能混个三年五年就该告退了……哎呀，<u>您看看</u>，瞧我这王八记性，怎么就把这事给忘了！您请坐，请——嗐，这穷酸样的办公室十年照旧，一个凳子都不多。

以上四例中，这些变体形式的语义都发生了变化。例（1）中的"我说"表示引起话题和缓和语气，例（2）中的"我说呢"表示忽然明白原因，例（3）中的"您看"表示征求对方意见，例（4）中的"您看看"表示自我谴责。

因此，在语料库中，我们分别慎重地对待每一个形式，因为任何形式上的标记，都有功能意义的潜在动因。对此，都不能忽略。

(3) 同义变体

在表意和功能不变的前提下，有的插入语存在着其他同义形式，类似于形式的变体。

```
对于……来说——对……来说      甭说——甭提
换句话讲——换句话说          严格地讲——严格地说
顺便一提——顺便说一下        附带一提——附带说一下
说实话——说老实话——实话说   谁叫——谁让
从……来看——从……看来
我说什么来着——我说什么来的
话说在前头——话说在前面——话说在头里
```

又如，我们在传媒有声语言普通话样本库中搜索到的"归根到底"的形式有好几种：

  一本书写得好坏最终是读者说了算，跟我们演戏一样，<u>归根到底</u>，你的荣誉、位置、所谓的明星头衔都是观众给的。
  无论是我们今天现场的交流，给您提的问题，或者在两会当中的核心关注，<u>归根到底可能可以归结为一句话</u>，就是您能不能告诉我们，什么时候我们对自己食品的安全和药品安全，非常骄傲自豪地说，它们都是安全的。
  他呢，假如你给他一点压力了以后，他可能好几个星期睡不着觉，<u>归根到底还是一个</u>，他太敬业了。
  只有有了态度，你才会有生理变化和体验，有了体验你才进入了情感状态，<u>归根到底来说</u>，这个情感和认识它是不能够区分的。

"归根到底"这一种形式可以有"归根到底可能可以归结为一句话"、"归根到底还是一个"、"归根到底来说"等三种不同的形式变体，三者皆可替换，对语义表达无影响，因此算做一类。

（4）语体变异

大量插入语的形式灵活，体现在它们常常敬称和通称并存，方言和通用语并存，口语和书面语并存。例如：

你看——您看	不用说——不消说
你瞧——您瞧	叫我说——依我说
甭看——别看	按你说——依你之见
甭提——别提	这么说来——如此说来

常言说——常言道

(5) 有限的替换

还有的插入语形式上可以进行有限的替换。例如，"不瞒你说"中的"你"可以在第二人称范围内替换，变成"不瞒你们说"、"不瞒各位说"等。

由上述可见，插入语是一类处于动态变化中的语言成分，既具有一定的稳固性，又具有一定的灵活性，不稳固性。它既不是一般临时短语，也不是词，而是一种语言的固化成分，更像一个熟语。

3.2 结构分布的附着性

在第二章对插入语的位置考察时，我们已经发现，插入语事实上并不总是插在一个语言结构中间。但是，插入语必须与核心句同现。从结构分布上看，插入语常常附着在核心句之上，就是说，插入语不能离开核心句而单独出现。排除位置的影响，插入语存在的格式是：C+X。这是插入语的形式上的一个重要特点，认清这一点，可以把插入语和其他插入成分、其他习用语（如惯用语等）以及关联复句的分句区别开来。

下面分别阐述它们的区别。

3.2.1 插入语和插入成分的区别一

我们前面已经观察到，言语的临时的插入成分都是在核心句的中间插入一个成分，常常是打断核心句，插入的意味很浓，也很随意，任何一个位置都可以插入，有形式上的标记，如破折号、注释括号、逗号、很快较低的语调等。它们能够独立于核心句，可以单独抽出来表达意义。

而插入语大多数必须依附于核心句，它们和核心句一起才能成为一个整体，都不能单独抽出来表意。对比下面两个句子：

(1) 一个偏见太深的人啊——我这不是说你，啊！——没法子跟他说理的。（赵元任例）

这里破折号中夹着的句子"我这不是说你，啊！"，有独立的下抑的语调，可以拿出来单独表意。

而下面的句子：

(2) 插入语，顾名思义，指一些加在句中的词、词组和句子。

这里的"顾名思义"，虽然本身有意义，但是读的时候语调一定要上扬，表示未完。离开了核心句，简直无法生存。

(3) 不瞒你说，我心里真不是太激动，一种解脱的心态。

"不瞒你说"，虽然自身意义很完整，同样语调上扬，还是不能脱离核心句而独立存在。

虽然对核心句而言，插入语似乎是可有可无的，但是对插入语自身来说，强烈地依附于核心句，离开核心句，就无法表意。因此在这个意义上，与其说插入语是"插入"的，不如说它们是附着的。

3.2.2 插入语和固定短语（熟语）的区别

固定短语（熟语）本身是一种定型的词组。它的结构是词组,意义和功能却是整体化了的①。一般的现代汉语书中有介绍,固定短语(熟语)主要包括:成语、谚语、惯用语和歇后语。插入语未被归于其中。我们前文论述到,插入语是一种固定短语(熟语)。我们认为,插入语应该归于熟语。但是跟很多固定短语相比,插入语又有其独特性。固定短语(熟语)大多可以单独表意,也可以和其他成分一起表意。但是插入语只能和核心句一起表意,不能单独表意。

比如,"别提":

(1)"鹏飞,今儿休息?""哪儿啊,别提了!"李鹏飞故意装出万般无奈的样子。(苏叔阳《夕照街》)
(2)你们那儿真好,那一大片林子,别提多棒了!(严亭亭《白房子》)(转引自《口语习用语功能词典》)

(1)句中"别提"是"不用说了,很不好"的意思,意义完整,能够独立表意,是一般的固定短语(熟语)的用法;(2)句的"别提"不能单独拿出来,需要核心句的配合,所以是插入语。

又如"没说的":

(3)我和小王的关系,那真是没说的。
(4)没说的,咱俩谁跟谁呀?

(3)句中"没说的"有单独的意义,是"不用说,很显然很好"的意思,还能充当句中的成分,是个普通的熟语;(4)句中

---

① 常玉钟,主编. 口语习用语功能词典 [M]. 北京:北京语言学院出版社,1993.

的"没说的"表示一种肯定的语气,意义很虚,必须粘附于后一句上,是个插入语。这就反映出插入语在分布上具有附着性的特点。换句话说,插入语是一种具有附着性的熟语。

3.3 语义的非命题性

插入语不能表达命题,这使它和插入的言语成分有所不同,但是又引起其他问题,话语标记和复句关系词语也不表示命题,那该如何区分呢?下面我们从这三方面对比,阐述插入语的语义上的特点。

3.3.1 插入语和插入成分的区别二

什么是命题(proposition)?这是一个借自哲学的术语。也常常用于语言学的语义和语法分析。它指意义的单位,这个单位构成一个以简单陈述句为形式的陈述的内容。[①] 命题分析涉及两个词项:一个活动状态的表达式(谓词)和一个或多个限定这一活动或状态的影响范围的实体"名称"。从功能上说,一个陈述句,应该具有真实的语义价值,可以用来提问和回答问题。

插入成分可以作为一个新命题而存在,插入语则不可以。具体来说,插入成分插入的可以是下层命题,也可以是一个上层命题。例如:

恰好有辆刚打好的车——定做而没钱取货的——跟他期望的车差不甚多。(《骆驼祥子》、《汉语史稿》例)

---

① 语言学和语音学基础词典[M].北京:北京语言学院出版社,1992.

这个句子有两个命题：
命题1：有辆车和他期望的车差不甚多。（上层命题）
命题2：那辆车是定做而没钱取货的。（下层命题）
实际上，这种结构类似于英语的定语从句。
如果对这个句子提问，有两种方式：

是不是有辆车和他期望的车差不甚多？
那辆车是不是定做而没钱取货的？

又如：

有了自己的车，他以为，就有了一切。（《骆驼祥子》、《汉语史稿》例）

这句话实际上包含了两个命题：
命题1：有了自己的车，就有了一切。（下层命题）
命题2：他以为有了自己的车，就有了一切。（上层命题）
这个句子可以这么提问：

他以为怎么样？

或者针对上层句子的动词"以为"来提问：

他是不是以为有了车就有了一切？

这相当于重新调整了语序的动词宾语句。
插入语则不构成完整的命题，它不能给核心句增加另一个命题。看这个句子：

如果您这个《大宅门》,起用的全部不是明星,全部是观众陌生的面孔,您想会产生现在这种轰动效应吗?

这个句子不能针对上层谓语"想"来提问:

＊如果您这个《大宅门》,起用的全部不是明星,全部是观众陌生的面孔,您想是不是会产生现在这种轰动效应?

只能针对下层谓语"会"提问:

如果您这个《大宅门》,起用的全部不是明星,全部是观众陌生的面孔,你想会不会产生现在这种轰动效应?

即使这个插入语在形式上是一个句子,也不构成命题。例如:

(1) 俗话说得好,"不是金刚钻,甭揽瓷器活"。他呀,他不是那块料(袁其励道路就在你脚下)。
(2) 你别说,这里的饭菜挺好。
(3) 王孝明简直不是东西,哼,见一个爱一个!你想,我找他补课,补课就完了,你猜怎么着,他来了总半天不走,说东说西,说许多满讨人喜欢的话。我还把他当作一个好人……

"俗话说得好"、"你别说"、"你猜怎么着"从形式上看都是陈述的句子,但是,"俗话说得好"不表示判断,它只是引出一种证明,说话的重点在后一句"他不是那块料"。"你别说"不同于"你不要说",不是请求别人不做什么事。"你猜怎么着"也不是让听话者去猜想，因为说话人很快就会给出答案。这几句中的插入语都已经失去了陈述功能，具有非句化的特征①。它们只是帮助核心句共同表示与说话者有关的态度、看法等等。

关于插入语不表示命题，有些学者的个案研究也得出了相关的论断，可以作为进一步的印证。例如陶红印（2003）证明，"知道"类固化的格式，包括"不知道"、"你知道"、"我知道"等格式，在谈话中并不是用来回答问题和提供信息的，而是表达语用意义的。②

郭绍军的《现代汉语中的弱断言谓词"我想"》也证明了"我想"是一个弱断言谓词，并不表示命题③。

上面我们说了，插入语不表示命题，因此，可能会引起另一个问题，那就是如何把插入语和话语标记区别开来。

3.3.2 插入语和话语标记的区别

根据 Schiffrin（1987）、Fraser（1996、1999）Traugott & Dasher（2002）等研究，话语标记（discourse markers）也称话语联系语（discourse connective）是指序列上划分言语单位的依附成分④。它在语言中不影响句子真值（即命题意义），基本上不具备概念语义，是话语言谈中架构话语单位的重要衔接和连贯手段。作为话语标记的语言成分，其功能就是使前后句子衔接紧

---

① 非句化：两个本来独立的小句合并为一个带有一套语法关系的单一小句的过程中，语义上处于次要地位的小句所具有的句子特征会或多或少地削弱丢失，最终完全失去一个句子的特征，成为一个词。

高增霞. 从非句化角度看汉语的小句整合 [J]. 中国语文，2005（1）.

② 陶红印. 从语音、语法和话语特征看"知道"格式在谈话中的演化 [J]. 中国语文，2003（4）.

③ 郭绍军. 现代汉语中的弱断言谓词"我想"[J]. 语言研究，2004（6）.

④ 现代语言学词典 [M]. 沈家煊，译. 北京：商务印书馆，2000.

密,并指示读者如何理解前后话语之间的关系。①

话语标记是就语言形式的功能而言的,与词类不具有对应关系。语言中的连词、副词、语气词、代词、无意义的冗余成分等等都可能弱化为一种话语标记,在话语中起到衔接和连贯的作用。

我们前文已经论述插入语是一种具有附着性的熟语,这是从词汇角度界定的概念。它和话语标记界定的角度不同。有的插入语在语言使用中有可能弱化为话语标记。例如董秀芳在论述"谁知道"的词汇化过程时,有这样一段阐述:

> 当"谁知道"后面引进的成分由问句变为陈述句时,"谁知道"的反问功能完全消失,而情态功能突显出来。"谁知道"成为独立语,可以出现在相关的小句或句群之前,也可以出现于其后。

她把这个熟语化的词看作一个认知性插入语(epistemic parentheticals)。按照董秀芳的观点,当"谁知道"产生出话语连接功能时,才看作话语标记。②

插入语和话语标记的区别还可从下例看出。例如:

  Willy: Well, tell you the truth, Howard, I've come to the decision that I'd rather not travel any more.
  Howard: Not travel! Well, what'll you do?
  Arthur Miller: Death of A salesman.

---

① 方梅. 自然口语中弱化连词的话语标记功能 [M] // 沈家煊,主编. 现代汉语汉语语法的功能、语用、认知研究. 北京: 商务印书馆,2005.
② 董秀芳. 词汇化与话语标记的形成 [J]. 世界汉语教学,2007 (1).

上例中，笔者认为，Well 是话语标记，tell you the truth 则是插入语。

具有连接功能的插入语可以弱化为话语标记，成为构架话语单位的重要衔接手段和连贯手段。这一点，和其他词类能弱化为话语标记很相像。① 这种观点是否成立，我们将在语料中进一步观察和鉴定。

3.3.3 插入语和复句关系词语的区别

插入语和复句关系词语也很容易被人混为一谈。比如有人把有些超句形式的关系词语"如果说、不管怎么说"当作插入语。邢福义先生认为："复句关系词语，是复句中用来连接分句标明关系的词语。"②这里清楚地告诉我们，复句关系词语能够"标示分句关系"的，"如果说……"、"与其说……"、"不管怎么说"等带"说"的关联词，虽然它们和插入语一样在形式上都是超词形式，但是我们还是暂且把它们当作复句关系词语，因为它们带有鲜明的标示因果、转折、并列等逻辑关系的关系词语。而插入语和核心句之间的语义关系千头万绪，并不只有这几种逻辑关系。

这一部分已经熟语化的关系词语，具有独特的意义功能，李晋霞、刘云（2003）已经进行过"如果"和"如果说"的对比研究③，两者存在差别，所以它们应该被拿出来，单独进一步

---

① 方梅．自然口语中弱化连词的话语标记功能［M］//沈家煊，主编．现代汉语汉语语法的功能、语用、认知研究．北京：商务印书馆，2005．
② 邢福义．汉语复句研究［M］．北京：商务印书馆，2002：29．
③ 李晋霞，刘云．从"如果"与"如果说"的差异看"说"的传信义［J］．语言科学，2003．

研究。

也有的复句关系词语,看起来好像和插入语有同样的语表形式。例如:

(1) 没上过山的人,别说扛这百十斤的水泥袋,就是空手往上爬,也会感到十分吃力。(转引自邢福义例子)
(2) 别说,现在手机讲究个性,有人为此专门去更换外壳。
(3) 现在,真够可以的,到处都编着法儿地赚钱。人们越来越不脸红地伸手要钱了!也别说,连我们的课本也涨价了,赚钱都赚到中学生头上了。钱,这玩艺儿真像是风,无所不在,无孔不入!

显而易见,(1)句的"别说"后面紧跟一个分句,与另一个分句之间形成了递进关系,这表明"别说"已经进入复句中,是表示递进关系的连词,属于复句关系词语。《现代汉语词典》(商务印书馆,2005)收了这种"别说",释为连词:

通过降低对某人、某事的评价,借以突出另外的人或者事物。①

而(2)、(3)句的"别说"显然不是词典上的连词意义。它们单独使用,后面没有紧跟其他分句,和后面的核心句之间没有明确的逻辑关系,只有附着关系,重要的是,它们的表意完全不同于(1),而是另有一种功能意义。我们认为只有这种"别说"才属于插入语。

---

① 现代汉语词典. 北京:商务印书馆,2005.

进没进入分句中,是我们判断某些与插入语同形的词语是否是连词的一个重要的形式标记。但是"别说"的连词用法跟插入语用法之间存在什么关系,这值得进一步研究。

要阐述插入语和复句关系词语的关系,邢福义先生的一篇论文对我们很有启发。在《连词"为此"论说》一文中,证明了现代汉语介词短语"为此"已经语法化,有了连词的地位,产生语法化的原因是语义特征和句法环境。①

介词短语可以语法化为连词,那么插入语是否也有可能语法化为连词呢?这一点也是我们进一步考察研究的内容。

3.4 小 结

3.4.1 结 论

这一章我们解决了插入语划界的第二个困难:插入语是词还是短语。我们认为,插入语的结构和意义相对凝固,地位从属,粘附在一个核心句上,不表示命题,但能和核心句一起表达特殊的功能意义。从语言单位上看,它们还不具备词的资格,是一种熟语,或者可以称之为词的等价物。我们还提出了两个假想:插入语能否进一步语法化,成为话语标记或者连词?

以上述三个特点为标准,可以进一步把插入语从纷繁复杂的语言现象中凸现出来。凡是符合特点的,我们就把它们作为我们的研究对象。这样,收集整理出大约270多个插入语(见附录)。

至此,我们对插入语的界定基本告一段落。以往学者们对插入语的性质的争论也基本尘埃落定。按照笔者的观点,插入语,

---

① 邢福义,姚双云.连词"为此"论说[J].世界汉语教学,2007(2).

是一种"熟语"。

按照传统语法中词类的分法，现代汉语有实词、虚词。如果我们确定了"短语"的地位，那么"短语"也可以分为实熟语、虚熟语。一般常见的有实在意义的熟语为"实熟语"；而插入语，应该是"虚熟语"。

我们应该承认在语言中存在着这样一类固化的成分，它们有270个之众。据陆俭明、马真先生的说法，现代汉语中副词的数量也不过500个，至多不超过600个。① 而插入语这么庞大的群体在以往的语言研究中，总是混迹于词或者短语之中，没有独立出来。它们的价值也没有得到彰显。现在，我们把插入语作为汉语词汇中一个独立的群体，进行专门的研究，具有理论上的重要意义。今后在词典编撰中，大可以统一把这一类词语标注为"插入语"。

3.4.2 确定插入语表的具体做法和基本原则

明确插入语的性质，为我们在语言中筛选插入语提供了基本依据。最后落实为270多个插入语，还经历了一系列的选择和淘汰。具体做法是：

1. 根据前辈举例，收集被人普遍认可的插入语，同时在语料库中筛选和验证，语料库中检索不到的就剔除出去。

2. 分别选取了几篇学术论文②、一篇小说③、一部话剧《日出》约20万字作为样本，进行全文内部句法分析，得出的插入语，再进入语料库筛选。

---

① 陆俭明，马真. 现代汉语副词独用刍议 [M] //现代汉语虚词散论. 北京：语文出版社，1999.
② 刘丹青，张国宪，高增霞，等. 中国语文，2005 (1).
③ 范小青. 女同志 [J]. 小说月报，2005 (3).

3. 请专家人工干预，补充他们认可的插入语。

进入语料库以后，又出现了许多意想不到的问题。但我们总的原则是，为了全面地描写，不忽略掉一个插入语，尽量把插入语的不同形式都单列出来。常见的问题和处理方法如下：

1. 有的插入语，存在着能单说和不能单说两种情形，如"哪想到"和"哪想到，"加逗号对意义和功能有没有影响？在没有定论之前，我们对二者形式上的差别尽量都加以考虑。

2. 有些形式不同但意义相同的插入语进入语料库之后被合并。进入语料库之后，经过意义和用法的对比，有些意义用法完全相同的插入语被以变体形式重新合并。例如"您说"和"你说"，用"你说/您说"这样的形式表示出来。又如，"这么说"在语料搜索后有"这么说吧"、"这么说来"这样的不同形式，经过意义功能的对比分析，我们重新认定，"这么说来"与"这么说"意义用法一致，两者合并，而"这么说吧"与二者意义用法不一致，被单独列出。

3. 有的插入语形式变体过多，一般只列一个。例如"归根到底"这一种形式在语料库中有"归根到底可能可以归结为一句话"、"归根到底还是一个"、"归根到底来说"等三种不同的形式变体；又如"俗话说得好"又有"老话说得好"、"常言说得好"、"古人说得好"等不同形式，我们只取一种常见形式。

4. 有的貌似相同的插入语被重新分化出来。例如在抽取插入语"谁知"时，发现有很多"谁知道"，经过对比，发现两者并不能互相替代，因此，又单列出一个插入语"谁知道"。又如"眼看"和"眼看着"也被分别单列。

5. 有些插入语出现在专家提供的插入语中，但在语料中没有检索到，如"泛泛而言"、"说来也神了"、"往多了说"、"往少了说"、"析而言之"等，为了考察全面，我们也将其保留下来。

插入语的形式变化很复杂，但是我们本着"一个也不能少"的原则，尽量完整全面地描写它们。

第四章　插入语的内部形式描写

插入语是一种固化的语言形式,但其形式上还是可以分类的。

下面我们从插入语的内部构成成分、中心动词的意义以及主语的人称等方面来考察插入语的内部形式。插入语在内部成分上呈现出的特点对于我们认清插入语来源具有重要意义。

4.1　按照内部结构分类

4.1.1　完全凝固的结构

结构完全凝固的插入语,它们无论什么时候作为插入语在形式上都是自足的,是以固定的整体形式出现的。从语表形式上看,有的是以句子形式出现,有的是短语形式,有的是词,有的不能单独使用,是黏着形式。下面根据语表形式进一步分类。

4.1.1.1 句子形式的插入语

我们已经说过,插入语具有非句化的特点,但它们的语表形式可以是句子。这类插入语包括"主＋谓＋宾"三种成分齐全的语表形式,也包括"主＋谓"两种成分的形式,还有的是拟对话的形式。这类插入语都可以独立于核心句,可以单说。有这样一些:

你看	你是说	你(您)瞧	事实上是
我看	你别说	你还别说	丑话说在前头
我说	想想看	你想想你	常言说得好
你说	你知道	你(您)瞧瞧	引人注目的是
你想	老话说	有趣的是	令人担心的是
我想	你说说	这就是说	值得遗憾的是
你听		遗憾的是	值得注意的是
你看看	这也难怪	你猜怎么着
我说么	那就是说	说来也神了
我说嘛	我告诉你	话说回来了
我说吧	闲话少说	话是这么说
我说呢	我跟你说	话说在前头
俗话说	说来也巧	我这么说吧
常言说	说来也怪
我知道	你看看你

例句如:

(1) 你看,刚才你自己讲的除了登山,你还担任摩托罗拉手机的代言人,你做许许多多这样的事情不担心别人说王石在不务正业吗?

(2) 有时风大到我们无法游泳,有时我们不得不搏击在波峰浪底,不过,这毕竟不是大西洋,这比大西洋安全多了。所以,你瞧,我自认为是个不折不扣的地中海人。

(3) 你说我们几个对他这样,他还反过来告我们几个,搞得我们这几家都不能正常生活,但话说回来了,他走不动爬不动那天,别看我们现在吵成这样,还得我们去伺候。

(4) 说来也巧,和国际乒联一样,国际汽联为了遏制法拉利也是出台了各种新规则,但也一样无济于事。

(5) 这也难怪,刚到一个新地方,哪能一下子就习惯呢?

(6) 我说嘛,文化大革命刚结束,咱们的原气还没有恢复,上级哪会让再搞大运动。

(7) 啊,我说呢,小刘怎么尽说林老师好,一有事就找,一有事就找。

(8) 话是这么说,可我总觉得引水上山这个打算有点靠不住。

(9) 可以做胶囊、做墨汁、照相纸、电影胶片;就连纺织印染、砂纸、砂布,糊火柴盒都用它,我这么说吧:工业、国防和生活用品——有三十多个行业——一千多个品种都用它。

(10) 一位搞建设的专家,看了他的那本关于天云山的著作以后,你猜怎么着,冲着我张开两条膀子,大声叫好,要不是因为我是个女的,他肯定要把我抱着跳起来。

(11) 哎,我说句真心话,他们这几年发展起来,都是靠着茶叶市场,茶叶市场对得起所有的茶商。

  句子形式的插入语还有拟对话类的插入语。这类拟对话形式的插入语,放在陈述句中,好像对话人在现场一样。拟对话形式是借用李宇明先生的说法,它们并不是出现于实际对话中。① 我们发现,这些拟对话形式的插入语基本是肯定形式。

有这样一些:不错　是的　对　的确　当然了/喽
例如:

(1) "他和自然同生活共呼吸,他懂得溪水的潺潺声,他理解树叶的悄悄话,他还能听见草在生长……"<u>是的</u>,当一个人真正与自然沟通心灵时,他就会变得与高山一样伟大,溪水一样明净,蓝天一样深邃。
(2) 世界上,不付代价的胜利是没有的,<u>当然喽</u>,争取以小的代价换取大的战果。
(3) 同行们戏称贾万寿有股子"冲刺意识"。<u>不错</u>,在他的脚下起跑线确是常新。

还有一些独词句的形式:

这样吧,米铺老板听说小和尚是来卖石头的,拿着那块石头端详了半天说:"<u>这样吧</u>,我没有多少钱——我出五百两银子买你这块石头!"

4.1.1.2　短语形式的插入语

我们发现,以短语形式存在的插入语数量最多,它们又大多是动词性短语。可以分为动宾、偏正、连动、兼语、动补、方位等几类,共有120多个。它们大多能单说,也有少数几个必须黏着在核心句上,如"少说"、"眼看着"。下面分别举出例子。

---

① 李宇明. 拟对话语境中的"是的"[M]//语法研究录. 北京:商务印书馆,2002.

A. 动宾结构：

不消说	说句不客气的话	说老实话
说真的	说（句）良心话	说真格的
看样子	说句不好听的话	说心里话
不用说	说句不怕您笑话的话	综前所述
充其量	说正经的	综上所述
	说实在的	更有甚者
	不是吹牛	

例句有：

(1) <u>说句不客气的话</u>，您就是想当这个头，也没人会同意您当的！

(2) 我们观察到在这间不足 10 平方米的小屋里，墙上根本就没有什么营业执照，<u>不用说</u>这就是一家无照行医的小窝点了。

(3) 据有关统计，中、日、苏运动员力量性动作都出现增加的趋势，以日、苏运动员的最为明显。<u>综前所述</u>，当前吊环成套动作结构的变化趋势可归纳为：……

(4) 当情志活动影响到肝的疏泄功能时，也可发生眼病。如愤怒暴悖可使肝气上逆，两目怒视，面红目赤，<u>更有甚者</u>可使一眼或两眼骤然失明，中医称"暴盲"。

B. 偏正结构：

按理说	狭义地说	往多了说	别说	实事求是地说
照我说	具体地说	往少了说	少说	从本质上说
照理说	简单地说	如此看来	再说	用你的话说
老实说	客观地说	由此看来	甭说	附带说一下
应该说	确切地说	由此可见		从总体上来看

可以说	严格地说	现在看来	顺便说一下
实在说	泛泛地说	总的说来	往深了说
还别说	广义地说	总体来看	老实说
总体说	总体上说	总体上看	明说了吧
再者说	总的来说	孤立地看	
再则说	总起来说	历时地看	
这么说	这么说吧	客观地看	
那么说	这样说来	顺便一提	
一般说	一般来说	一般说来	
别不是	很可惜	一般地说	
殊不知	总体看	这样看来	
照我看	不难看出	附带一提	

例句如：

偏正结构的插入语，以状中式为主，但也有定中式的，如"同样的道理"。

(1) 许多文学理论著作和教科书，都是把典型问题视为人物塑造以至整个文学创作的中心问题。<u>老实说</u>，我并不把这问题看得那么重要，但既然引起普遍重视，就不能不谈谈自己的认识。

(2) <u>严格地说</u>，1999 年的中国富豪榜并不是一张排行榜，因为胡润当时只是简单地把上榜的 50 名富豪按照他们的总资产分为了 ABCD 四档，排名相当模糊。

(3) 这可是秘密呀！反正<u>这么说吧</u>，形势紧张，政府需要的东西就多，我听说，把队伍补充齐了，要转移到关外去！

(4) 我一听这个，回家又泡了一丸，我爱人一扬脖，咚咚咚……下去啦。<u>别说</u>，吃下去就见效了。

(5) 他如今与我们的合作基本上是不赚钱的，纯粹出于爱国之心!这件事,狭义地说关系着五百人的就业问题;广义地说就是关系到党的三中全会后,实行开放政策的成败了!

C. 连动结构:
换句话说	不瞒你说	泛泛而言	譬如说
反过来说	告诉你说	简而言之	比如说
相对来说	相对说来	总而言之	析而言之
极而言之	要而言之	相对来看	相对看来
归根到底	退一步说	退一步讲	

例句如:

(1) 这些行业在规模上一般以中小型为主,投资不多,相对来说,不属于知识密集型,而属于劳动密集型,适应农村目前的知识状况、劳力状况、经济状况。
(2) 菊听了这话,很感动,她拦住水保,说:既然大家来了,便饭还是有得吃的,退一步讲,大家走老远的路,这么热的天,茶总该喝一口吧。
(3) 素质包括的内容很广,简而言之,有横、纵两个方面。
(4) 如果俱乐部和球员的关系发展到只能靠钱来维系的话,那这个俱乐部运作得也太失败了!反过来说,又有哪家俱乐部敢重用一个除了钱之外什么都不认的大牌球星呢?

D. 兼语结构:
让我说　要我说　叫我说　要我看　依我说　依我看

例如:

(1) 依我说,你也犯不上生气,他郭春海是英雄,你刘元禄也不是窝囊废，什么事得自己有个打算，是不是玉昌哥？

(2) 要我说，每轮中超之后，这流血告状的事儿就别登报了，因为这已经不是新闻了，哪天要是没人流血告状了，那才是新闻。

E. 动补结构：
说到底　说起来　说白了　听起来　看上去
听上去　想起来　看起来　算起来　弄不好
例句如：

(1) 竞争，说到底是人才的竞争。
(2) 给气球充气看起来简单，其实还真有不少学问呢！

F. 方位结构：
实际上　事实上　理论上　客观上　基本上
例句如：

(1) 急于求成可以说是我们的通病。事实上，作为人口众多的大国，经济增长是一个缓慢的过程。
(2) 国外一些好的管理经验，我们应该拿过来消化吸收。实际上长城公司从国外同行那里学了不少东西。比如"小分队"，就是借鉴了美国IBM的做法……

G. 介宾结构：
据此　据传　依我之见　据我所知　就我所知　据调查

(1) 在节约用电方面，据调查，很多企业，生产同样的产品，用电量却很悬殊。
(2) 依我之见，你不如将计就计，在姓庄的小子选定的日子，请人在赛场外发功驱雨，把雷雨天变成大晴天！

H. 其他：
析言之　要言之　极言之　一句话　这么一来　同理
可也是　简言之　就是说

(1) 可也是，干起活来，数他毛病多。一会儿捶捶腰眼儿，一会跺跺脚，再不就摘下手套来搓搓手。
(2) 换句话说，就是要制造"两个中国"，破坏中日两国已经建立和发展起来的友好关系。一句话，就是要使中日关系倒退，使历史倒退。

4.1.1.3　词或者像词的插入语

这些插入语形式上多为双音节，已经凝结，但是很难断定词性，一般词典不收，或者收了也不注明词性，或者词性标注很不统一。共有 30 多个。

按说　传说　据说　据称　据传　话说　相传　照说　说来
说到　说是　看来　听来　想来　相反　不想　别说　甭提
别是　例如　比如　譬如　总之　谁知　孰料　谁料　这下
可谓　可见　论理　看去　听去　谁让　怕（是）

例句如：

(1) 浙江温州市苍南县这几家公司、工厂的所作所为真可谓胆大包天！
(2) 范淑珍的爱人是市卫生局的干部，每月收入一百二十多元。照说他们家还可以生活得更好一些，他们却不然，向来不枉花一文钱。

(3) 围着讲义转，还能谈得上什么创造呢？"博"是为了"专"，而盲目"博"，只能造成很多无效或低效能劳动。总之，一切学习，都是为了创造。

这些插入语有的能单说，如"可见"、"反之"、"总之"、"按说"等。有的插入语已经变成黏着形式，不能单说。例如：
想来　说来　说到　说是　别是　可谓　别提

4.1.1.4 成语形式的插入语

还有的插入语是成语形式，如：
相形之下　果不其然　不言而喻　毋庸讳言　众所周知
平心而论　顾名思义　无独有偶　一言以蔽之
例句如：

(1) 第二天，扎拉嘎布跟随爷爷去看。呀！果不其然，水獭被铁夹套住了。它在拼命地蹬腿呢。

(2) 苏联科学家确定近半世纪以来北极正在转暖，永久冰冻层的面积已经缩小了。无独有偶，今年2月1日《人民日报》报道：南极的冰块也在融化，近50年来，世界海洋的水平面已提高了6厘米……

(3) 人民有权对于政党的任何行为进行监督，有权挑选自己满意的领导人。不言而喻，他们也应该有权发表自己的意见。

这些插入语已经成为固定的成语形式，但是具有插入语的功能。

4.1.2 半凝固结构

半开放的插入语都是半凝固的结构,因为它们是由一些特定的词语内嵌或者后接其他词语,再与之共同去充当插入语,也可称之为待嵌结构。

4.1.2.1 半凝固结构的类型

常见的待嵌结构也分两种:一种是全框式的,如"据 A 说"、"从 A 可以看出"等;一种是半框式的,如"尤其是 A"、"特别是 A"、"A 地说"、"例如 A"等。这些待嵌结构的构成方式绝大多数是状中式偏正结构,也有连动结构和动宾结构的。下面是不同的形式类别:

1."介宾结构+动词"

该形式的插入语,即"介词+ A +动词",其常用的介词有"就"、"对于"、"对"、"从"、"照"、"以"等等。例如:

就 A 而言　　就 A 来说　　就 A 来讲　　从 A（角度）来说
据 A 说　　　照 A 来说　　以 A 来说　　对于 A 来说（讲）
从 A 看　　　从 A 来看　　从 A 看来　　从 A 可以看出
就 A 来看　　对 A 来说（讲）

例句如:

(1) 就农业本身来讲,它既不利于土地潜力的发挥和土地生产率的提高,也不利于充分利用我国的劳动力资源;

(2) 再就人脑脑容量的变化来看,在 300 万年的人类发展中,头 200 万年,人的脑容量是比较小的,后 100 万年脑容量才迅速增加。

(3) 盗窃犯罪是近年来社会治安中的突出问题之一,从目前看,盗窃犯罪尚有日趋发展的势头,究其原因,主要是社会治安综合治理的各项措施……

(4) 对能源计划供应部门来说，是能源的合理分配供应问题；对能源使用单位来说，是能源的合理选择使用问题。
(5) 从本届洽谈会上可以看出，上海出口商品的结构正在发生重要的变化。

2. 连动形式的，即"动词＋A＋动词"。例如：
如A所说　　如A所述　　像A所说　　相对A说
比起A来　　拿A来看　　拿A来说　　相对于A来看
相对于A来说
例句如：

(1) 移动靶上具有一定的冲击能力，中国选手整体水平虽整齐，但缺少单项的尖子选手，夺取金牌具有很大的困难。正如总教练赵国瑞所说：中国选手的现状是"有希望"，"没把握"，要"拼命争"！
(2) 就拿社会交际能力来说，在学校里没有专门一课，只有在和人打交道中，并且要经过许多次碰壁，才能成熟起来。
(3) 但是也要看到，如果按人口平均，我国拥有的资源，相对于很多国家来说，是比较少的。

3. A＋动词
A地看　　　A来看　　　A地说　　　A来说
A地讲　　　A而言　　　A来讲
例句如：

(1) 最近一位观众朋友为周末鉴宝提供了一件漆器，确切地说它是放在桌案上的小香几。

(2) 有一个特殊的地方，就是全国人大在 1993 年制定了一部法律，就是《中华人民共和国红十字会法》。这个法就规定了政府跟我们红十字会或者红十字会跟政府之间的关系。简单地说就是政府要对红十字会进行支持、资助、保障、监督，红十字会就是做政府仁道主义工作领域里的一个助手，助手就是助手，不可能代替，只能是补充。

4.1.2.2 对半凝固结构中 A 的考察

对于 A 的性质，我们试着选取几个框架结构进行一番考察。

(1) 从 A 来看

根据《国家语委现代汉语语料库》提取的语料，共有 79 个例句。其中的 A 的形式有：

A＝长远/国内/目前/实践/总体/总的情况/另一方面
　　当前和今后一个时期/最终产品消费的角度
　　中央银行角度/一般军事行为的逻辑
　　更大范围/目前市场发展趋势/时间顺序
　　政治层面/销售情况/以往的一些情况
　　这次技术市场业务洽谈的情况
　　后来的事件发展中/表面上/总量上
　　理论上/国际上工作上/总体上/数量上
　　实力上/形式上/重点工程

例句如：

(1) 在此以前，我们走访了上海气象局总工程师束家鑫。他认为，从更大范围来看，这次雷暴和龙卷风与地球上出现的厄尔尼诺现象有关。

(2) 从这次技术市场业务洽谈的情况来看，有几个值得注意的需求动向：

(3) 现在一些大的单位，都有了电动设备，整批裁剪，效率也大大提高了。从它起的作用来看，也已经不单是节省用布，而是为消费者提供了更多的方便。

可以看出，这里的 A 具有〔—人〕的语义特性。包括两种：一种是抽象名词短语，中心词一般是"情况"、"顺序"、"层面"、"角度"、"逻辑"、"趋势"等客观事物和对象，一种是带引申义的方位短语。意义上看，表示时间、地点、角度等的意义较多。假如 A 是人，则会出现"从……的角度来看"，以此保持 A 的〔—人〕性。

整个句子的意思为"根据 A，我们判断、认定……""从 A 来看"，是说话人对整个命题作进一步的限定，从而达到表意严密的效果。

(2) A 地说

语料显示有以下这些：

客观地说　具体地说　简单地说　广义地说　实事求是地说
泛泛地说　确切地说　严格地说　宽泛地说　不客气地说
相对地说　概括地说　老实地说　灵活地说　负责任地说
狭义地说

例句有：

(1) 首先是吃含铁丰富的食品包括血旺、猪肝等，再就是要注意饮食的相互搭配，具体地说就是在吃含铁丰富食品的同时注意吃一些促进铁吸收的食品如维生素 C、动物肉类、豆类食品、黑色食品等。

(2) 说到这儿，还得向您唠叨唠叨这基因究竟是个什么。简单的说呢就是决定你长的什么样子呀,身体的各种状况怎样呀等等的一个基本因素。
(3) 民办学校在 90 年代相当普遍的做法就是收取教育储备金。严格地说这种做法都是违法的,是没有依据的。

我们看到,这里的"A",多是一些形容词,从不同程度、不同角度、不同立场、不同态度、不同范围等方面的限制,我们可以认为这是说话人对后续的话语内容或者自己说话态度的进一步限定,以保证后续话语的严密性和科学性。

(3) 对 A 来说　对于 A 来说

语料调查显示,这里的 A 一般是表人或机构、单位等具有主体性质的事物的名词或者代词。这里 A 的语义特征有〔+人〕。

例句有:

(1) 对于初入门的音乐爱好者来说,似乎以一些小品作为初步的欣赏对象更为适宜,如中国的《新疆之春》、《阳光照耀着塔什库尔干》。
(2) 艺术是发扬生命的,在死神所在的地方没有艺术。因此,对艺术家来说,光明的尾巴不必有,希望的亮色却不可无。

在《国家语委现代汉语语料库》中,"对……来说"的例句有 130 个,其中 A 表示具有主体性质的人的,有 59 个,占总数的 45%。其余为表示单位、机构或者客观事物的名词或者短语。

"对于……来说",共有 124 个例句,A 表示具有主体性质的人的,有 75 个,占总数的 61%。其余为表示单位、机构或者客观事物的名词或者短语。

"对……来说",《现代汉语八百词》的解释是"从某人、某事的角度看",是一种评判。

从以上对 A 的考察来看，A 涉及人、范围、时间、地点、角度、方式、程度、态度等各方面，目的是说话人对命题进行进一步的限定，以保证命题的严密性。我们也可认为这是言者对命题的一种主观干预。

框架结构的整体意义研究很复杂，我们这里只作了一点初步的考察。如果一个一个框架考察，可能会更有收获。

还须要注意的是，有的插入语既有固定词语的完整形式，也有临时的待嵌结构形式。

如，"据说"和"据……说"，"据报道"和"据……报道"，等等。还有：

据……记载→据记载　　据……观察→据观察
据……调查→据调查　　据……统计→据统计
据……研究→据研究　　据……报道→据报道

我们很容易就看出两者的联系。从语义上说，两种形式的差别在于消息来源的确切。前者更具体准确，后者则宽泛模糊一些，可以根据表达的目的和需要，任意选择。

4.2　按照中心动词分类

从插入语的组成成分来看，大部分插入语是动词性的。

在凝固结构中，语表形式是句子的，大部分都是动词性的。

语表形式是短语的，除了方位短语和无法归类的短语（如果细究的话，这些短语原来也应该是动词性的），其余也都是动词性的。偏正词组的中心词也都是动词性的。

语表形式是词的，大都含有动词语素。

半凝固结构绝大部分是动词性短语结构。

我们还注意到，插入语的中心词——动词大多是"说"类和"看"类，以及少量"知道"、"想"、"是"等动词。其中数量最多的是"说"类插入语，其次为"看"类插入语。

下面我们按照主要动词将插入语再分为：

4.2.1 "说"类插入语

"说"类插入语的动词都是"说"，占插入语的大多数。

你说	你别说	你还别说	说心里话	说来也神了
我说	我说吧	说来也巧	综前所述	话说在前头
别说	我说么	说来也怪	综上所述	话是这么说
少说	我说嘛	这就是说	客观地说	话又说回来
按说	俗话说	那就是说	具体地说	常言说得好
传说	不用说	说老实话	广义地说	丑话说在前头
据说	说真的	说良心话	狭义地说	说句不客气的话
话说	应该说	简单地说	严格地说	实事求是地说
相传	我说呢	泛泛地说	确切地说	用你的话说
说来	你说说	往多了说	往少了说	举个例子来说
说到	老话说	总的来说	总起来说	顺便说一下
再说	老实说	顺便一提	附带一提	附带说一下
说是	常言说	总体上说	一般来说	一言以蔽之
可谓	一般说	一般说来	一般地说	毋庸讳言
	不消说	这样说来	换句话说	比较而言
	按理说	不瞒你说	反过来说	
这么说	退一步讲	泛泛而言		照理说
还别说	明说了吧	总而言之		再者说
总体说	相对来说	相对说来		再则说
简言之	简而言之	不言而喻		那么说
要言之	要而言之	照我说		一般说

析言之	析而言之	比如说	譬如说
极言之	极而言之	依我说	让我说
要我说	说真格的	说到底	说起来
说白了	就是说	一句话	你是说
实在说	叫我说	可以说	
就……而言	就……来讲	从……（角度）来说	
就……来说	据……说	对于……来说（讲）	
如……所说	像……所说	对……来说（讲）	
如……所述	拿……来说	相对于……来说	
相对……说	……地说	……地讲	
……而言	……来讲	……来说	

4.2.2 "看"类插入语

中心词是"看"类的插入语有：

你看	你看吧	你看看	你看看你	孤立地看
我看	看看你	总体看	总体来看	客观地看
且看	据观察	看样子	历时地看	眼看着
你瞧	你瞧瞧	要我看	由此可见	总体上看
看来	照我看	依我看	如此看来	由此看来
可见	看起来	看上去	现在看来	这样看来
看得出	不难看出	相对来看	相对来看	总体上来看
就……来看	从……看	从……可以看出	……地看	
从……来看	从……看	拿……来看	……来看	
相对于……来看				

4.2.3 "是"类插入语

中心词是"是"的插入语。

事实上是	引人注目的是	令人担心的是	可也是

| 遗憾的是 | 值得遗憾的是 | 值得注意的是 | 别不是 |
| 不是吹牛 | 尤其是…… | 特别是…… | 怕（是） |

4.2.4 "知道"类插入语

| 你知道 | 我知道 | 你不知道 | 谁知道 |
| 谁知 | 殊不知 | 众所周知 | 不知道 |

4.2.5 "想"类插入语

中心词包括"想"及与"想"同义的一些动词。

| 你想 | 你想想 | 哪想到 | 想起来 | 你猜怎么着 | 想当年 |
| 孰料 | 谁想到 | 天晓得 | 谁料到 | 你想想看 | 想当初 |

4.3 按照插入语的人称来分类

我们还观察到，插入语的主语形式主要有零人称、第一人称、第二人称、泛称。

1. 很多插入语是没有人称的（零人称）。

例如"老实说"、"平心而论"、"据说"、"换言之"等等。

如果那些主语是零形式的插入语能够补出主语的话，大部分的潜在主语是第一人称"我"，或者第二人称"你"，或者泛指的人称，不存在第三人称"他"。

如"说"类的动宾结构、偏正结构、连动结构、动补结构，假如能够补出主语的话，补出的主语都是"我"。下面分举一例。

不用说——"我"不用说　　简单地说——"我"简单地说
说起来——"我"说起来　　不瞒你说——"我"不瞒你说

这里"说"的施事者都是第一人称的"我"。

我们还可以从英汉对译中看出主语"我"的存在。在《汉语口语语法》中赵元任先生举的有计划的插入语的例子，英汉对译时，英语句子中都补出了主语。这些主语或者是 I（第一人称）或者是 one（泛指）。我们看：

他<u>看得出</u>是个学生。
He（one）can see is a student.
他<u>不晓得</u>哪儿去了。
He（one）doesn't know has gone where, ——I wonder where he's gone to.
（1）不知道他玩儿的是什么把戏？（I）wonder what trick he is up to? and（2）他不知道玩儿的是什么把戏？He（I）wonder is up to what trick?[①]

2. 主语是第一人称的有：
我看　　我说　　我说嘛　　我说吧　　我说呢　　我知道
我说什么来着（的）　　　　我这么说吧

3. 主语是第二人称的有：
你（您）看　　　　你别说　　　　你还别说
你听　　你是说　　你看看你　　你猜怎么着
你瞧　　你看看　　你不知道　　你听听
你说　　你知道　　你想想看　　你说说
你想　　你想想　　你瞧瞧　　你想想你

4. 主语是泛称的。
包括主语是疑问代词和事物名词。
谁叫　谁料　谁料到　谁让　谁想　谁想到　谁知　谁知道
事实是　眼看着　眼看　俗话说　天晓得

[①] Zhao Yuanren. A grammar of spoken Chinese [M]. University of California Press Berkley and Los Angeles, 1968.

4.4 小　结

上述对插入语内部组成形式的考察，有些现象引起我们一些思索。插入语在形式上为什么大多呈现出动词性？为什么这些插入语的中心词大都由"说"、"看"之类的动词充当？为什么插入语中大多涉及第一人称、第二人称，而完全没有第三人称？我们将在第九章探讨上述问题。

第五章　插入语的语法分布

　　上一节我们考察了插入语的内部形式，弄清了它们的基本面目。这一章我们将考察插入语和它周围的语言的其他成分之间的关系，尤其是它和核心句之间的关系，即考察插入语的语法分布形式。以往对插入语的语法研究，由于局限在句子层面，主要集中在对插入语的位置考察，主要的结论就是插入语的位置灵活。这对认识插入语的性质有一定帮助，但是还缺乏更实质的认识。

　　前文已讲，插入语和核心句是共生共存的，但它们之间，结合得是否紧密？插入语是独立于核心句，还是黏着在核心句之上的语言成分？对此，我们考察插入语的独立性。插入语与核心句之间存在什么样的句法依附关系？是不是插入语都具有连接性？最后，我们考察插入语在核心句中的位置如何，它们的位置是定位的还是灵活的。

　　下面我们分别从以上三方面阐述。

5.1 插入语的独立性考察

5.1.1 情况统计

从插入语和核心句之间的紧密关系看,有的插入语可以独立于核心句,和核心句之间有逗号分割,我们称之为独立性插入语。有的插入语和核心句之间关系紧密,前后没有停顿,我们称之为黏着性插入语。半凝固的插入语,它们要先和其他成分一起构成插入语,再和核心句组合。例如"正如……所说"、"对于……来说"、"就……而言"等,它们属于半开放式的,原则上一经组合,就能独立于核心句,因此我们仍然把它们称为独立性插入语。

在语料分析的基础上,我们发现,现代汉语中大部分插入语是独立性插入语,而黏着性插入语数量不多。

黏着的插入语包括两种情况。一是完全黏着的插入语,只有少数几个(见下文统计),它们都是附着于一个句子之上的。还有一些插入语也可以独立使用,但是独立使用的占所有例句的比例不大,可以说它们的独立性还不很强,仍然是黏着的插入语。

下面是我们对《国家语委现代汉语语料库》作的部分统计。
(1) 完全黏着的插入语有:

| 可谓 | 话说 | 说到 | 说是 | 不知道 | 眼看 |
| 想来 | 别是 | 别提 | 说来 | 眼看着 | 怕(是) |

例如:

(1) 书上说:"错误的练习比较没有练习更坏。"可谓中肯极了。
(2) 大伙埋怨大钟瞎打岔,劝老夫子别神经过敏,催促尹玉珍快讲。于是小珍珠又继续讲了下去:"话说咱们的大学问,一向发愤读书,废寝忘食。这天,又没赶上晚饭,就来到南校门外的学苑居饭铺,买了两个包子……"

(3) 说到香港观众、新闻界的热情,更令人感动。

其中语料库中"可谓"839例全部为黏着使用。还有一些插入语,在语料中独立使用的时候很少,几乎可以忽略不计,比如"算来"、"少说"等。我们统计了《国家语委现代汉语语料库》中带"少说"的336个句子中,只有一例独立使用的,几乎可以忽略不计:

阿秀的亲事,我是日夜都在盘算:我就这一个闺女,我可不能叫她打把阳伞,穿双水鞋进婆家,少说,也要有个三抬两挑的嫁妆陪送着。

(2) 倾向于黏着使用的插入语,它们独立使用的情形较少。

我们对"天晓得"、"谁想到"、"充其量"、"孰料"、"明摆着"、"谁料"、"看起来"、"谁想到"等插入语的独立性也进行了考察。下表是根据《国家语委现代汉语语料库》统计出来的结果。前为总数,后面的数字为独立使用的数字。

插入语	总数量	独立使用数量	所占比例
天晓得	27	5	18.5%
谁想到	45	13	28.8%
充其量	109	4	0.04%
孰料	19	3	15.7%
明摆着	80	10	12.5%
谁料	80	11	13.7%

续　表

看起来	783	120	15.3%
谁想到	45	13	28.8%

以上是穷尽统计的结果。

由于语料库的例句数量巨大，有的插入语，如"想来"、"谁料到"、"看上去"、"谁知"、"谁知道"等，我们只能采用抽样的方法统计。抽样统计的结果如下：

插入语	抽样数量	独立使用数量	所占比例
想来	100	19	19%
谁料到	104	6	0.06%
看上去	101	8	0.08%
谁知	253	14	0.06%
谁知道	208	17	0.08%

以上数据显示，独立使用的最高比例也没有超过30%，这些插入语的独立性不强。因此，我们称之为倾向于黏着的插入语。

我们还穷尽考察了"哪想到"的独立性，全部例子有19例，其中独立使用的有8例。因此，这类插入语，我们可以把它们归于半黏着一类。

从上面对语料的统计，我们形成一个粗略的认识，即插入语的独立性呈现出一个连续统的趋势。即：

黏着使用——倾向于黏着——半黏着——独立使用

在数量上，独立使用的插入语大大高于黏着使用的插入语。此外，笔者也试图发现，独立使用与核心句之间是否存在对句子类型的选择关系，即独立使用的插入语是不是倾向于和复句、句群组合，而黏着的插入语是不是倾向于和单句形式的核心句组合。

5.1.2 插入语独立使用的规律初探

插入语的独立使用有什么规律？我们试从语音、语义、语法、语用（包括语气和语体）等几个方面探讨。

5.1.2.1 受音节长短的影响

插入语是独立使用还是黏着使用首先与插入语的音节长短有关。一般来说，四个音节以上的插入语都必须独立使用，两个音节的插入语更易于黏着使用。但是，如果两个音节的插入语前面带有时间、地点、方式等状语时，就会独立使用。例如：

(1) 现在全国各地出版的大型的文艺刊物，如重庆、桂林、延安、上海、福建各地<u>算来</u>，大约共有20多种，其他小型的（包括油印的单张）那就无从计数了。
(2) 暗地狱十八，小热地狱十八，刀轮地狱十八，剑轮地狱十八，火车地狱十八，沸屎地狱十八，镬汤地狱十八。如此<u>算来</u>，地狱有一百八十之多。

三音节的插入语情形比较复杂。我们考察了三音节插入语"看起来"独立使用和黏着使用的两种情形，从中发现一些规律。

从《国家语委现代汉语语料库》中抽取的"看起来"的总数是825个，去掉42个动词性的"看起来"，独立使用的插入语"看起来"有120个，剩余大部分"看起来"是黏着使用的，因此我们把它归为黏着性插入语。

考察独立使用的120个"看起来"，我们发现了一些规律：
当"看起来"前面有状语时，一般会独立使用。例如：

(1) 社会上<u>看起来</u>，这总是一种青年的爱国运动……
(2) 表面上<u>看起来</u>，生活丑本身并不具有直接的审美属

性，然而我们应该看到，有些生活丑蕴藏有某种潜在的审美条件，

(3) 从你晚上碰着的困难 看起来，那时候的人一定是糊里糊涂地过着日子，尤其是糊里糊涂地过着夜晚。

(4) 到了老年时分解作用超过组成作用，身体就减弱，这样看起来，'像一个大人'更没有什么奇怪……

(5) 我这班军官可以说身经百战，现在 看起来，还不如你那班青年学生。

(6) 骤然 看起来，好像宇宙升平，四民安乐，而不知其里面的悲惨危险，确非言语所能形容。

这些"看起来"前面附着了地点、时间、处所、状态等状语，自身的音节长度增加，因此能够独立出来。这一点和前面双音节的插入语一样，一旦附上状语，就会独立使用。

5.1.2.2 受语义复杂性的影响

通过对比独立使用的"看起来"和黏着使用的插入语"看起来"，我们还发现，独立使用的"看起来"，接近于一个高层谓语，其辖域（Scope）比较广，可以是单句，也可以是复句、句群。从语义上看，是对整个命题、复杂命题或者多个命题加以估计和评论。而黏着使用的"看起来"，其辖域常常只在一个单句中，所以常常紧跟一个主语话题，表达一个简单命题。可以说，核心句的表意越复杂，插入语独立使用的可能性越大。这一点和我们在 5.1.1 节中提出的假想有些吻合之处。但还需要更多统计数据支撑。

例如：

(1) 看起来，如果不能用科学的道理解除蒙昧，迷信者便很难迷途知返。

(2) 看起来，他白天累了，睡得很香，房里的动静没能把他惊醒。

例（1）、例（2）中，独立使用的"看起来"都是表示言者的推测和评判，相当于一个高层谓语，后面的核心句内容比较复杂，由几个句子或分句组成。

(3) 给气球充气 看起来 简单，其实还真有不少学问呢！
(4) 这里报道的几件小事，看起来 微不足道，细想大有文章。

例（3）和例（4）中，黏着使用的"看起来"只是在一个分句中，是对这个分句的主语作出的评判。

5.1.2.3 受语气强弱的影响

"看起来"独立使用时，语气比较肯定。例如：

(1) 这个汉元帝，比我还精明，看起来，这个"傻瓜"不傻呀！
(2) 看起来，买这样一件玩具可不便宜。
(3) 真奇怪，用最新的洋枪，竟然对付不了古老笨重的长矛大刀！看起来，中国境内最优秀军队的桂冠，应当属于这支捻子罗！可是十分遗憾，我不得不消灭他们！
(4) 看起来，在有生命和无生命之间，自然界存在着相当广阔的领域。

以上句中独立使用的"看起来"，语气比较肯定。所以可以与表示肯定的副词"可"共现。而黏着使用的"看起来"，语气则比较弱些。例如：

(5) 这个题目<u>看起来</u>似乎是不伦不类的，因为我在这里想说的，实在只是我和树木的一些因缘。
(6) <u>看起来</u>是毛泽东战胜了蒋介石，其实是老子战胜了拿破仑。
(7) 你<u>看起来</u>仿佛是很有志气可以有为<u>似</u>的，其实，是并不中用，遇事只显得头角峥嵘，说得不好一点，简直是少不更事的呢。

这些"看起来"黏着使用，表示肯定的语气弱一些，在这类句子中常常有表示不确定的"似乎"、"仿佛"、"好像"、"表面上"等词语与插入语共现。更为值得注意的是，"看起来"句后面常常有转折词语"其实"、"事实上"、"但是"等对前一分句予以否定。

反过来，假如在例（1）例（2）中加入"好像"等词语，就会显得不合常理。

* （1）这个汉元帝，比我还精明，<u>看起来</u>，这个"傻瓜"（好像）不傻呀！
* （2）<u>看起来</u>，买这样一件玩具（好像）可不便宜。

5.1.2.4 受语法功能的影响

黏着使用的"看起来"，在句中往往更倾向于配合其他语句一起出现。就是说，有些类似于连词，具有连接功能。例如：

(1) 这件事，<u>看起来</u>与工厂无关。<u>然而</u>，也同样揪着工厂领导的心。
(2) 在艺术创作中，如绘画和书法，<u>看起来</u>挥洒自如，随意而为，实质上自有"美的规律"体现于其中。

(3) 有一些知识<u>看起来</u>似乎不能直接帮助专业研究，<u>但</u>它能丰富我们的思想，促进我们对于人类社会的理解，还是有用途的。

黏着的"看起来"构成的分句，往往和后面的另一个分句组成一个表示转折的复句，形成"看起来……，但（然而）……"这样的组合。这时的"看起来"更接近于一个连词。

5.1.2.5 跟语体有关系

插入语的独立使用和黏着使用还跟语体有关系。我们调查，在《传媒有声语言普通话样本库》中，"据说"共有 929 个例子，其中独立使用的只有 107 个，其余皆为黏着的；而在《国家语委现代汉语语料库》中，同等数量的"据说"例句中，独立使用的插入语却达到 290 个，高出近 2 倍。《传媒有声语言普通话样本库》的语料基本上是访谈节目，以口语为主；国家语委的语料库更多的是书面语的文本，我们认为是书面语的代表。从两者的对比中，我们能看到插入语在不同语体中独立使用的情况。

"据说"	总数	独立使用的数量	比例
国家语委现代汉语语料库（书面语）	929	290	31.2%
传媒有声语言普通话样本库（口语）	929	107	11.5%

这里，书面语中独立使用的比例差不多是口语的 3 倍，大大高于口语中的比例。

我们还统计了"您想"。结果如下：

"您想"	总数	独立使用的数量	比例
国家语委现代汉语语料库	22	19	86.3%
传媒有声语言普通话样本库	18	10	55.6%

这里书面语中插入语独立使用的比例也大大高于口语。因此，笔者猜测，书面语中的独立使用情况较多，与书面语的严密性有关，讲究严密自然会字字推敲，有的内容须要靠停顿来强调；口语中独立使用比例较低，与口语讲究流利顺畅有关，讲究流畅则自然要求衔接不断，以防被人打断。何况有声语言中的强调方式要比书面语多，不一定只用停顿这一种形式。

通过上述的考察和总结，我们可以得出结论：插入语的独立往往与音节、核心句的语意、语法、语气、语体有关。一般来说，音节比较长、其后核心句的语意复杂、语气比较肯定、不具有连接功能的插入语倾向于独立使用，常常现于书面语中。反之，音节较短、核心句表意简单、语气不够肯定、具有连接功能的插入语，倾向于黏着使用，常常现于口语中。

上述一些倾向还引起我们的假想，独立的"看起来"更像一个句首状语，副词性；而黏着的"看起来"更像一个连词。连词和副词是不是它们将来进一步发展的两个方向？

5.2 插入语的连接性考察

5.2.1 定 义

我们前文也已经论述，插入语不能离开核心句而单独出现，它们和核心句之间存在一种依附关系。C 和 X 之间具体是什么样的依附关系？是不是一种连接关系？连接关系到底是什么样的关系？

说到连接，我们不能不提到衔接和连贯的概念。衔接和连贯都是语篇概念。笔者认为，插入语的连接性指的就是它在语篇衔接中所起的连接词功能。

前文已经介绍过，我们所说的语篇是指书面语言或口头语言中构成一个整体的语言段落。语篇是一个意义单位。一个语篇的各个部分之间不存在像句子的各部分之间的那种结构关系，而是具有独特的语篇构造。语篇构造完全不同于句子的结构，它使语篇和非语篇区别开来。

衔接（cohesion）关系是语篇构造的一种重要的语言特征。Halliday 早在 1962 年便提出了衔接（cohesion）的概念。① 后来，Halliday《系统功能语法》（1985）把英语的衔接作了从形式到内容上的高度概括。他认为衔接"是存在于篇章内部，使之成为语篇的意义关系"。具体说来，<u>当语篇中某一成分的解释依赖于另一个成分时，便会出现衔接关系</u>。（为本文作者所加）② 即当语篇中的某个成分的解释取决于另一个成分的解释时，这两者之间就有了衔接关系。

衔接这种语义关系可以通过语法手段来体现，也可以通过词汇手段或者语音手段等来体现。Halliday 和 Hasan 的《英语的衔接》(*Cohesion in English*，1976) 对衔接作了十分深入的探讨。他们把语篇的衔接手段分为五大类：

1. 照应（reference），通过人称代词、指示代词、比较词语等进行句间的衔接；

2. 替代（sub stitution），指的是通过 one，do，so 这些替代形式去指上下文所出现的成分；

3. 省略（ellipsis），用省略形式来衔接上下文；

4. 连接词（conjunction），用连词、副词或者词组（短语）把两个命题联系起来的手段；

5. 词汇衔接（lexical cohesion），指通过词的重复、同义、反义、上下义、整体与部分等关系达到语意连贯。

---

① Halliday M. A. K & HasanR (Cohesion in English Longman, 1976)

② 胡壮麟. 语篇的衔接与连贯［M］. 上海：上海外语教育出版社，1994.

其中尤其是连接词，Halliday 作了专门的研究，他认为连接词介于语法和词汇衔接手段之间，它们的连接性间接地依靠具体的语意实现，它们不依赖语篇的上下文去获得信息，而是<u>依靠它们本身的具体意义，预测着语篇中的其他意义的出现</u>。（为本书作者所加）

Van Dijk 在其 *Text and Context* 一书中也对英语连接词种类和范围作过概述。他认为英语连接词不仅包括普通的连词，同时包括其他所有的能起连接词与词，短语与短语，句子与句子的词组和短语。他把连接词分为：

1. 连词（并列连词和从属连词　e. g. although，because）；
2. 部分副词和副词短语（e. g. yet，still，for example，as result）；
3. 部分介词短语（e. g. as regards，due to，as a result of）；
4. 插入语（e. g. you know，isn't it）；
5. 一些固定习语和句型（e. g. to conclude，it follows that）。①

值得注意的是，衔接并不等于连贯（coherence）。衔接所实现的是语言表层形式和陈述之间的关系，而连贯更注重语义内容的连接。例如：

(1) 张大嫂有个女儿。男尊女卑的思想在中国尚未彻底消除。中国正在实现四个现代化。后现代主义是一种文学思潮。

(2) A：你喜欢这个表演吗？
　　B：这个剧院不错。（例句转引自胡壮麟）

---

① 胡壮麟. 语篇的衔接与连贯 [M]. 上海：上海外语教育出版社，1994.

例句（1）中虽然有很多词汇的衔接形式，如"女儿——男尊女卑；中国——中国；四个现代化——后现代"等，但是作为一个语篇，意思是不连贯的，说话人的表达意图我们很难搞清楚。所以说（1）不是合格的语篇。而例句（2）中两人的对答虽然没有任何形式上的衔接，但是 A 完全能听懂 B 的明褒实贬的用意。这个倒是一个合格的语篇。

既衔接又连贯的话语或者不衔接但连贯的话语都是合格的语篇，这是我们遴选带插入语的语篇的基本条件。一般来说，连贯更强调依靠交际双方的共有知识和逻辑推理等手段来达到。衔接则是一种形式上的连接，经常通过语法、词汇、语音手段来达到语篇连贯。

综上所述，我们所说的连接性是两个语言片段在形式和意义统一的衔接，一个语言成分是否具有连接性，就看它是否<u>依靠它们本身的具体意义，预测着语篇中的其他意义的出现，而不是依</u>赖语篇的上下文去获得信息。

上述 Halliday、Hasan、Van Dijk 的理论启发我们：这些汉语中的固定短语（熟语）插入语是不是汉语中的连接词？即 C 在 X（X_1，X_2）之间是否起到连接的作用？

下面我们首先考察一下语料。

(1) 这时，正坐在一旁闷头抽烟的魏得材却说了一句意想不到的话："<u>我说</u>，从明儿个起，我就上工当老伯呆，省得冻死！"

(2) <u>不瞒你说</u>，我特别喜欢足球，世界所有的地方，我特别支持非洲的足球。

(3) <u>对于大多数疾病（特别是心血管疾病）来说</u>，发病以前都有一个或长或短的发展过程，这种介于健康与疾病之间的状态我们通常称之为亚健康状态。

(4) 当2003年马上就要到来的时候，车臣政府办公大楼发生爆炸案。据报道，爆炸现在已经造成80人死亡，150多人受伤，随着救援工作的展开，死伤人数还有可能继续增加。

(5) 这就是杜瓦向瑞利提供的线索。说来也巧，凯文第旭的科学资料就保存在他所服务的剑桥大学里。瑞利和莱姆塞立即借来仔细地阅读。

(6) 说正经的，美国怎么那么富，那么强！它自由，随便，想干什么干什么，由着性儿来，我想干这个，甭请示，干！没人拦着。

(7) 从对科威特战史上来说，我们基本打的是下风球。此番再赛，整个情况对我队更为严峻，因此可以说凶多吉少。

在以上这些例句中，我们观察到，这些插入语 C 和核心句之间的关系并不如核心句内部（X_1，X_2，…）之间那么紧密，甚至有时候，C 可以被忽略。如上述例中，可以变为：

(1)′这时，正坐在一旁闷头抽烟的魏得材却说了一句意想不到的话："从明儿个起，我就上工当老伯呆，省得冻死！"

(2)′我特别喜欢足球，世界所有的地方，我特别支持非洲的足球。

(3)′大多数疾病（特别是心血管疾病），发病以前都有一个或长或短的发展过程，这种介于健康与疾病之间的状态我们通常称之为亚健康状态。

(4)′当2003年马上就要到来的时候，车臣政府办公大楼发生爆炸案。爆炸现在已经造成80人死亡，150多人受伤，随着救援工作的展开，死伤人数还有可能继续增加。

(5)′这就是杜瓦向瑞利提供的线索。凯文第旭的科学资料就保存在他所服务的剑桥大学里。瑞利和莱姆塞立即借来仔细地阅读。

(6) '美国怎么那么富，那么强！它自由，随便，想干什么干什么，由着性儿来，我想干这个，甭请示，干！没人拦着。

(7) '对科威特战史上，我们基本打的是下风球。此番再赛，整个情况对我队更为严峻，因此凶多吉少。

去掉插入语，整个结构没有受到太大影响。我们认为，这种 C 没有加深和强化 X_1 和 X_2 之间（即核心句各个成分之间）的关系，X_1 和 X_2 之间的句意不受 C 的影响。如上文所述，判断一个语言成分是否具有连接性，应该看它们是否依靠它们本身的具体意义，预测着语篇中的其他意义的出现。上述这些插入语并没有预测语篇中其他意义的出现，因此没有起到衔接作用，我们称之为非连接性插入语。显而易见，这些插入语不是连接词。

再看下面一些插入语：

(1) 以身上的饰物为例子，男性最喜欢的饰物就是 手表。众所周知，手表 的价格差异非常大，贵的劳力士超过百万，便宜的运动手表几十元就可以得到。

(2) 苏州园林是完全按照 中国人，确切地说是 中国 传统读书 人 所向往的生活方式精心打造的。

粗看起来，这里的插入语在句与句之间起连接作用，但是，我们仔细分析，就会发现，这里句间的衔接，实际上靠的是词汇衔接。例（1）的衔接词语是"手表"；例（2）的衔接词语是

"中国人"。二者中出现的插入语并没有起到衔接作用。因此,这二者也是非连接性的插入语。

再看下面的例句:

(1) 这个物质存在是系统存在,是系统的发展、系统的消亡的过程(X_1)。那就是说,物质和系统是一个等价关系,物质就是系统,系统就是物质……(X_2)
(2) 他说,我很清楚这些设备现在就在伊拉克(X_1)。换句话说,伊拉克人手上就有这个设备(X_2)。
(3) 苏联科学家确定近半世纪以来北极正在转暖,永久冰冻层的面积已经缩小了(X_1)。无独有偶,今年2月1日《人民日报》报道:南极的冰块也在融化,近50年来,世界海洋的水平面已提高了6厘米(X_2)。
(4) 其中丹麦和西欧低地各国以及法国的大部分,土壤肥沃,气候、雨量都适于农牧业的发展(X_1);相对来说,联邦德国、意大利、希腊、葡萄牙和西班牙,就要差得多(X_2)。
(5) 二是吸收新的;三是从有关部门和有关的政府部门转一部分优秀人才到银行来;四是可以聘请一些人来作咨询(X_1)。总之,要多渠道来加强队伍建设(X_2)。

以上的例句中,插入语"那就是说"、"换句话说"连接前后两个句子(命题)X_1 和 X_2。"无独有偶"、"相对来说"、"总之"连接的是大于句子的语言成分(X_1,X_2,X_3,…)。由于这些插入语的存在,X_1 和 X_2 建立起紧密的关系。可以说,C 左边拉着前文,右边拉着后文。由于这个 C 的存在,预测着语篇之中还有其他意义出现。因此,这种插入语我们称之为连接性插入语。

语料中还有一种插入语的形式,也具有连接性。例如:

(1) 照理说，他的棋艺仍在卫平之上（X_1），但每次比赛进行到临近吃饭的时候，他就心神不定，惦记起那位篮球巨人来了（X_2）……

(2) 常言说得好，"做好人应当先从自己做起"（X_1），管那些干么（X_2）？只要我们自己随时注意到本身的生活是否合乎正轨，那不就够了吗？（X_3）

"照理说+X_1"后面往往引出一个转折的分句。"常言说得好+X_1"后面引出其他句子（X_2，X_3）。这类插入语使 X_1 和 X_2 建立起紧密的关系，所以也属于连接性插入语。但是它们和前面的插入语有些不同。如果打个比方的话，"换句话说"、"总之"这类插入语类似于后项连词，就像"但是"、"所以"、"那么"等一样；而"按说"、"照理说"则类似于前项连词，如"虽然"、"因为"、"如果"等。笔者认为，它们位置虽然不同，但其功能是一样的。

综上阐述，我们将插入语分为两类：一类是非连接性的，一类是有连接性的。在此分类基础上，我们考察语料中插入语的连接性。

5.2.2 插入语的连接性考察

前贤学者早就论述到插入语具有连接功能（见第一章）。那么是否所有的插入语都具有连接功能呢？下面我们进入插入语表进行考察。

5.2.2.1 连接性插入语和非连接性插入语

根据上节对插入语的连接性的定义，我们考察了全部插入语，其中连接性插入语有 96 个，占全部插入语的 36%。

按理	按理说	按说
比较而言	比如	比如说
不错	不料	
常言说	常言说得好	诚然
传说	除此之外	当然（喽/了）
反过来说	反之	更有甚者
归根到底	果不其然	好比说
话是这么说	话说	话又说回来
换句话说/讲	换言之	进一步说
可不	可不嘛	可不是吗
可见	可也是	例如
没成想	没错儿	没说的
拿……来说	哪成想	哪想到
那就是说	那么说	譬如说
如	如……所述	如此看来
是的	殊不知	孰料
谁料	谁料到	谁想到
谁知	谁知道	顺便说一下
说到	俗话说	特别是
同理	同样的道理	退一步讲
无独有偶	闲话少说	相比之下
相传	相反	相形之下
眼看	眼看着	要不

续 表

要不然	要不然的话	要说
一句话	遗憾的是	尤其是
由此可见	有道是	再说
再者说/再则说	照理	照理说
照说	照这样说来	这么说/这么说来
这下	这下子	这样啊
这样吧	这样一来	正如
正如……所说	正像……所说	值得遗憾的是
综前所述	综上所述	总而言之
总之		

既然已经确定了哪些是连接性插入语，自然剩下的是非连接性插入语，有 180 个，占全部插入语的 64%，其数量大大高于连接性插入语。见下表：

（你还）甭说	甭提	别不是	
别是	别说	不客气地说	
不瞒你说	不难看出	不是吹牛	
不是我说你	不消说	不言而喻	不用说
充其量	丑话说在前头	从……看	
从……可以看出	从……来看	从……来说	
从……中看	对……来说	对于……来说	
泛泛地说	泛泛而言	负责任地说	
概括地说	孤立地看	广义地说/讲	
很可惜	还别说	极而言之	

续 表

极言之	简单地说	简言之	
就……来讲	就……来看	就……来说	
就我所知	具体地说	据……报道	
据……调查	据……观察	据……记载	
据……说	据报道	据称	
据传	据此	据调查	
据观察	据记载	据说	
据闻	据悉	看看你	
看来	看你	看起来	
看上去	看样子	可谓	
可以说	客观地看	客观地说	
宽泛地说	老话说	老实（地）说	
历时地看	灵活地说	令人担心的是	
让人担心的是	明摆着	明说了吧	
你猜怎么着	你还别说	你看	
你看看	你看看你	你瞧	
你瞧瞧	你说	你说说	
你听	你听听	你想	
你想想	你想想你	您看	
您看看	弄不好	怕是	
平心而论	请看	确切地说/讲	
让我看	让我说	少说	
实际上	实事求是地说	实质上	

续　表

事实上	恕我冒昧	谁叫	
谁让	说（句）良心话	说白了	
说不定	说到底	说句不好听的（话）	
说句不客气的话	说句不怕您笑话的话	说来	
说来也怪	说来也巧	说来也神啦	
说老实话	说实在的	说是	
说心里话	说真的	说真格的	
说正经的	算来	算起来	
天晓得	听去	听说	
往多了说	往少了说	往深了说	
我看	我说	我说吧	
我说嘛	我说呢	我说什么来的	
我说什么来着	我想	我这么说吧	
毋庸讳言	析而言之	析言之	
狭义地说	狭义地说/讲	相对地说	
相对来说	相对说来	相对于……来说	
想必	想当初	想当年	
想来	想想看	严格地说/讲	
要而言之	要叫我说	要论我说	
要我看	要我说	要言之	
要知道	一般来说	一般说来	
一言以蔽之	依我看	依我说	
依我之见	引人注目的是	应当说	

续　表

用你的话说	有趣的是	照我说	
这么说吧	值得注意的是	众所周知	
总的来说	总起来说	总体看	
总体上看	总体上说		

以上不难看出，现代汉语中连接性的插入语有很多，但并非所有的插入语都具有连接功能。这与前贤学者对插入语的功能的认识有些偏差。

5.2.2.2　兼类的情况

前一节我们根据连接性的定义在插入语表中对插入语作了初步的分类。好像一分为二，干脆利落，但是在语料的考察中，事实并非那么简单。我们发现有的非连接性插入语有时有连接性，有时没有连接性。就是说，存在兼有二者（兼类）的情形。

例如，"简而言之"：

(1) 谭见安研究员在报告中指出：医学地理学，<u>简而言之</u>，是研究人类健康状况与其生存环境的关系。
(2) 素质包括的内容很广，<u>简而言之</u>，有横、纵两个方面。横的方面，至少包括德、智、体、美、劳五个方面。
(3) 他在美术上，同时在美术教育以至整个美术事业上的革新主张，<u>简而言之</u>，是反对中国画的八股和公式化；对西方美术，是反对形式主义和画商的操纵。

在这些例句中，"简而言之"直接对一个概念下定义或者就一事实作出简洁归纳，没有前文引导，也没有连接前后句的作用，因此没有连接性，是一个非连接的插入语。但是在下面的例子中，"简而言之"又具有连接性。

(1) 美国政府的定义，电子商务是指：在两个或多个交易者之间应用电子工具和电子技术处理商品和服务的交易事务。<u>简而言之</u>，电子商务就是利用电子化的技术实现商品和服务交换。

(2) 调整生产结构，提高农业生产水平，繁荣农村经济，发扬创新农业文明，合理规划农业资源，平衡生态环境。<u>简而言之</u>，即实现农业持续发展。

(3) 例如，吃什么，不吃什么，穿什么衣服，怎样向邻居打招呼，怎样对待敌人，怎样对待工作，怎样玩，等等——<u>简而言之</u>，就是遇到生活中的问题时怎么办。

(4) 提到扑克，我就要发笑。我对于打牌、下棋全是门外汉。扑克这东西，我到去年才学会。说起来话太长，<u>简而言之</u>是他从上海带到福建去送给我的。

上述例中，"简而言之"显然就是对前文的内容进行简单归纳。尤其是例（3）、例（4），前文都是拉拉杂杂一大堆，最后用"简而言之"收束起来，因此具有了连接性。在这些例中，它们应该被视为连接性的插入语。我们统计《国家语委现代汉语语料库》中"简而言之"共计28个例句，其中连接性的占24个，非连接的占4个。

同样，我们在前文论述插入语的独立性时，也提到有的插入语（"看起来"）黏着使用时，具有连接性（见5.1.2）。

将插入语分为连接性插入语和非连接性插入语，对于我们辨别某些插入语很有必要。例如，"总之"和"总的来说"经常被人们当作表示总括意义的同一类插入语，但是，语料显示，两者在连接性上有所不同。

先看"总之"：

(1) 敬老院、福利工厂，也都要评比；这还不算，还有综合性的评比，如五好家庭、文明楼组、创文明里弄等等。<u>总之</u>，上面有一个主管部门，下面就得搞一次评比活动。

(2) 做到这点不容易，但这样做了，干部的威信只会提高不会降低。干部如果要面子，不讲原则，己不正焉能正人？<u>总之</u>，要真正做到公正，就要事事处处出以公心，一切以革命利益为重，使自己的思想达到"心底无私天地宽"的境界。

上述句中的"总之"都是对上文的总结和归纳，它们的出现，意味着其后是一个总括句。我们统计《国家语委现代汉语语料库》中的"总之"有3107个之多，都是承接上文，表示总结上文或者概括上文，是具有连接性的插入语。

再看"总的来说"。语料显示，有时候"总的来说"也承接上文，表示对上文的总结和概括。例如：

(1) 如肌肉中红肌纤维占优势的人，适宜长跑和长距离游泳；白肌纤维占优势者，短距离赛跑和游泳常取胜。<u>总的来说</u>，体育运动都可使全身各部分的肌肉、关节得到适当锻炼，使人体变得匀称和健美。

(2) 幼儿对于有趣生动的对象可以较长时间地注意，但对乏味枯燥的对象则难以持久注意。<u>总的来说</u>，幼儿注意的稳定性还比较差，更难持久地、稳定地进行有意注意。

(3) 采用专业分工的劳动组合（但亦可采用综合作业的），而汽车的拆装既可采取固定作业法，亦可采用流水作业法。<u>总的来说</u>，汽车修理的组织方法是多种多样的，只有选择适合各该修理厂具体条件的组织方法，才能达到提高工效、降低成本。

这些例句中的"总的来说"是可以用"总之"来替换的。说明这些"总的来说"具有连接性。

但是，更多的例句中，"总的来说"跟上文没有联系。例如：

(1) 军委主席邓小平今天上午在人民大会堂会见了美国国防部长卡斯珀．温伯格一行。邓小平说，中美关系总的来说是发展得好的。他对温伯格为推动两国关系，特别是两军关系的发展作出的努表示赞赏。

(2) 我国土壤的种类很多，分布的情况也很复杂。总的来说，以水稻土（湿土）、红壤、冲积土、栗钙土、黑钙土、棕壤、漠钙土和高山草原土的分布面积为最广。

(3) 预计在未来几十年内青海省以暖干化为主导，即气温呈上升趋势，但降水呈减少趋势，这种气候变化趋势对生态环境总的来说是弊大于利。

例（1）中，"总的来说"没有上文，不是对上文的概括总结，它是邓小平对中美关系的一个大概的判断，隐含着还有不足；例（2）中"总的来说"也没有承接的上文，而是直接介绍了一种总体的粗略大致的情况；例（3）也是对气候变化趋势的利弊的一个大概的判断。上述"总的来说"都不能用"总之"来替代，所以，都是非连接性的插入语。

"总的来说"既有连接性，又有非连接性，因此，与"总之"不能算是同类插入语。

我们统计《国家语委现代汉语语料库》中"总的来说"共有223个例句，其中有165个不具有连接性。

到底有多少插入语兼有两种性质，由于语料庞大，我们还没有能力进行更为详尽的统计，这也是今后研究的一个课题。

为什么会出现兼类的情形呢？我们初步认为，其实，很多插入语都处于动态的变化中,这也类似于汉语中的某些副词、代词,既有连接语篇的功能,也有自己独特的功能。插入语兼有连接性和非连接性两种性质,提醒我们关注插入语是处于动态发展过程之中,笔者猜想,也许插入语从非连接性到连接性之间,也存在着一个连续统。

很巧合,在本文写作过程中,董秀芳(2007)也研究了一个个案"谁知道",她认为,"谁知道"存在着这样的语义变化途径:

短语——认知情态副词性固定语(独立语)——话语标记。

她用这个个案验证了,从独立语发展为话语标记,是话语标记形成的一条较为普遍的路径(Traugott&Dasher,2002:187)。[1]

汉语中有多少具有非连接性的插入语,会朝着具有连接功能的话语标记的方向发展,这也许是一个庞大的课题。但是,未来的方向并不能抹去插入语今天所处的地位,就是说,我们不能把插入语和话语标记当成是一个东西,插入语的存在,自有其独特的价值。

5.3 插入语的位置考察

5.3.1 连接性插入语都是定位的插入语

前贤学者的研究多认为插入语的位置很灵活。但是,根据我们上节的论述,很多插入语是在句与句之间起连接作用的,因此,它们的位置是固定的。我们称它们为定位的插入语。

---

[1] 董秀芳.词汇化与话语标记的形成[J].世界汉语教学,2007(1).

据进一步的考察，这类插入语在句中有两个位置：即 X_1+C+X_2 和 $(C+X_1)+X_2$。第一类插入语是以前面出现另一个分句或者句子为条件的，类似于后项连词，我们称之为后项插入语。这也是句与句之间的插入语，即邢福义先生所说的接句式独立成分。另一类插入语是以后面出现另一个分句或者句子为条件的，类似于前项连词，我们称之为前项插入语。下面分别举例：

a. 后项插入语：X_1+C+X_2

大部分连接性的插入语都是后项插入语，位置在两个语言单位之间。

(1) 小孩子能咿呀学语，心理学者说这是因为小孩子有摹仿本能。反过来说，我们何以知道儿童有摹仿本能呢？

(2) 嗅球会使信号变成一种感觉，然后再传递给大脑皮层。当一样东西的气味，比如说早晨的咖啡粘上鼻梁后面黏膜里的感受体的时候，立刻会有一连串的信号产生。

(3) 渔产品流通管理体制应适应渔产品多为商品性产品和渔产品鲜活度要求高等特点。总的来说，应广开流通渠道，允许多种经济形式和多种购销方式并存，尽量减少中间环节，降低流通费用。

b. 前项插入语：$(C+X_1)+X_2$

这种插入语在数量上远远低于后项插入语。它们的位置一般是在句首，要求有后续的句子。有时，它也出现在主语之后，谓语之前。但是总体来说，连接的是前一部分。

(1) 按理说河北村依山傍水，不应是个穷地方。然而110米宽的沙河在村南一横，挡住了出村的路。

(2) 教师按理说是熟悉自己的学生的，但讲课时却常常发现，有时讲得浅了，学生觉得没有新意，提不起兴趣；有时讲得太深了……

(3) 俗话说："不叫的狗咬人"，不知到时候究竟谁被谁咬了？

(4) 要说这门票战略啊，还得提提最近闹得纷纷扬扬的世界杯门票问题。

5.3.2　非连接性插入语的位置考察

语料显示，大部分非连接性插入语首选位置是句首。有些插入语必须在句首出现，也有的插入语只能位于句中，这两种插入语数量不多，也是定位的插入语。更多的插入语位置比较灵活，但出现在句首的占多数，我们称之为不定位的插入语。

5.3.2.1　大部分插入语的首选位置是句首

除了极个别的插入语只能位于句中，大部分非连接插入语都处于一个语言片断的开始。

例如：

(1) 2号台风刚刚刮起来，头天一场雷阵雨过后，王莲莲家的房就漏了。按妈妈的意思，说李剑雄上大学功课忙，别是忘了，快去叫一下。

(2) 我说，你能不能不走？

(3) 您想，春节一年才过一回，这2月29号，四年才一次，多难得呀！

(4) 不言而喻，邮票应该反映一个国家政治、经济、文化的水平和面貌。

(5) 不能再将自然界看作单纯的掠夺对象，要知道自然界也会对人作出报复行动。

还有些句子,由于省略主语,或者属于没有主语,只有意会主语的句子,插入语自然只能在句首。①

<u>让我说</u>,干脆给团里打个报告,把刘二丑退回地方算了。

这个句子的主语没有出现,插入语自然在句首。

<u>对于大多数疾病(特别是心血管疾病)来说</u>,发病以前都有一个或长或短的发展过程,这种介于健康与疾病之间的状态我们通常称之为亚健康状态。

<u>对于我们无产阶级革命者来说</u>,实事求是地说明情况,认真去分析造成这种情况的历史和现实的原因,才能够正确制定我们的战略规划,部署我们的力量。(邢福义例)

这两个句子,只有意会主语。在这里,插入语负有提出话题的功能。

我们考察了国家语委语料库中的一些插入语,对它们的位置进行了统计。以下是穷尽统计,全部位于句首的插入语:

插入语	总数	统计结果
据悉	295	全部位于句首
据报道	319	全部位于句首

---

① 邢福义.汉语复句研究[M].北京:商务印书馆,2001:635.
第八章《意会主语"使"字句》指出,少数情况下,逻辑主语不是表现为语法主语,语法主语也可以只是纯形式主语……逻辑主语不是表现为语法主语,而是潜入状语或前分句,成为潜在的主语,意念上的主语,即意会主语。

续　表

你猜怎么着	19	全部位于句首
不瞒你说	69	全部居于句首
不是我说你	9	全部位于句首
我说呢	6	全部位于句首
一般来说	699	全部位于句首
一般说来	770	全部位于句首
依我说	39	全部位于句首
依我之见	4	全部位于句首
想当初	56	全部位于句首
想当年	74	全部位于句首
想想看	112	全部位于句首
说老实话	52	全部位于句首
说来也怪	34	全部位于句首
说真的	117	全部位于句首
您看看	8	全部位于句首
要我说	22	全部位于句首

5.3.2.2　很多插入语兼有句首、句中两个位置

一般来说，学者所谓"句中"，是就单句来说的，就是位于主语和谓语之间的位置。这类插入语所占比例最多。我们先举一些例子，来看它们位置处于句首和句中时意义基本没变：

(1)　他不知道什么时候才来。
　　　不知道他什么时候才来。（赵元任例）
(2)　看样子您真是找了一个贤内助，不过您有些方面还有待

改进。(原句)

您看样子真是找了一个贤内助,不过您有些方面还有待改进。

(3) 不幸的是,他的话应验了,想来这位韩国的车教练要在悔恨中度过余生了。(原句)

不幸的是,他的话应验了,这位韩国的车教练想来要在悔恨中度过余生了。

(4) 第一个浪潮从国内来看是市场化,市场经济进一步向深层发展,(原句)

从国内来看,第一浪潮是市场化,市场经济进一步向深层发展……

(5) 这个团队的思维,简单地说不同于过去美国一个战略思维。(原句)

简单地说,这个团队的思维不同于过去美国一个战略思维。

(6) 我想胜负对我来说已经不重要了,起码我有再一次的机会,站在这里,弥补我上次的遗憾,我已尽我最大努力。(原句)

我想,对我来说,胜负已经不重要了,起码我有再一次的机会……

(7) 我们那个学习过程,老实说是一个伴随着泪水的过程。(原句)

老实说,我们那个学习过程是一个伴随着泪水的过程。

(8) 中国叶子牌据我们考察是发明于唐朝中期……(原句)

据我们考察,中国叶子牌是发明于唐朝中期的……

(9) 正如首相殿下所说的,在过去的许多世纪里,阿富汗和中国就曾经有过贸易和文化的密切关系。(原句)

在过去的许多世纪里,阿富汗和中国,正如首相殿下所说的，就曾经有过贸易和文化的密切关系。

这些例句中核心句都是单句，插入语的位置很灵活，有句中和句首两个位置；如果核心句是复句，也有的插入语位置是灵活的，既可以放在第一个分句的主语之前，也可以放在第二个分句之前。

(10) 一般来说，如果因为工作紧张、生活饮食不太规律，作为补充日常营养素，以保持身体健康的角度的话，每天服用100MG的维生素C就够了。（原句 复句）

　　如果因为工作紧张、生活饮食不太规律，作为补充日常营养素，以保持身体健康的角度的话，一般来说，每天服用100MG的维生素C就够了。

(11) 可以说没有香港对中国内地的贸易和投资，就没有中国改革开放取得今天如此骄人的战绩。（原句 复句）

　　没有香港对中国内地的贸易和投资，可以说就没有中国改革开放取得今天如此骄人的战绩。

这些插入语的位置可以在句首，也可以在句中，意思不会改变。人们说的插入语的位置灵活，应该指的是这一类。如果说这种插入语的位置是灵活的，还是比较符合实际情况的。

上面我们在理论上论证了某些插入语位置是可以随意移动的，那么，实际情况如何呢？下面是对《国家语委现代汉语语料库》的一些插入语在实际使用的位置进行的考察。

"严格地说"总数101，位于句前95个，句中只有6个。

"不用说"，共提取出504个句子，去掉动词性的，以及"……更不用说"、"不用说……就是（即使）"等具有连接性的插入语，剩余表示肯定语气的"不用说"的句子共有129个，其中位于句首的有91个，占近70%；位于句中的有38个，只有30%。

有的例句中，"不用说"位于时间词语后面。这样的情形也属于"句中"。例如：

他的性子急起来，恨不得把鸡蛋捏在手心里，立时三刻就要孵出个小鸡来。现在不用说更急啦，因为肚子咕咕直叫，他怕在路上拉起来不方便。

再看"说到底"。我们统计了《国家语委现代汉语语料库》中的全部"说到底"共计156个，情形则与"不用说"相反，处于句中位置的占优势，其中"说到底"位于句中的有92个句子，占59%；位于句首的只有64个，占41%。

"明摆着"31个位于句前，26个位于句中。

下面是我们对部分插入语的位置作的统计：

插入语	总数	句首	百分比	句中	百分比
严格地说	101	95	94%	6	6%
不用说	129	91	70%	38	30%
广义地讲	21	14	67%	7	33%
对于……来说	123	78	63%	45	37%
明摆着	57	31	54%	26	46%
说到底	156	64	41%	92	59%

5.3.2.3 只能位于句中的插入语。

插入语几乎都可以位于句首，但是也有的插入语只能位于句子中间，这样的插入语有"可谓、甭提、充其量、少说"。例如：

今年市场可谓热闹非凡，一会儿是高层变革，一会儿是战略联盟，一会儿是家电触网，一会儿又是价格大战。

这次进京执行任务，冲锋枪日夜陪伴着他，甭提多得意。

有些类似的说法，充其量是一种"吉祥话"而已，信以为真，就成了迷信。

"可谓"这个插入语只有一个位置——句中，就是主语和谓语之间一个位置。

下面是我们对《国家语委现代汉语语料库》这几个只能位于句中的插入语的统计情况：

甭提	18	全部位于句中
可谓	840	全部位于句中
充其量	108	全部位于句中
少说	123	122 位于句中

5.3.2.5 位于句末的插入语

对于是否存在位于句末的插入语，赵元任先生以及《应用汉语词典》都认为，插入语没有句末这个位置。位于句末的插入语，按照赵元任先生的观点，属于追补语。他明确地写道：

不知道他玩儿的是什么把戏？
他不知道玩儿的是什么把戏？（包含有计划的插入语）
他玩儿的是什么把戏，不知道？（追补语，其前可能有正的或负的停顿）①

同样的"不知道"，赵先生认为第一句和第二句才是插入语。位于句末的是追补语。

---

① 赵元任. 汉语口语语法 [M]. 吕叔湘, 译. 北京：商务印书馆, 1978.

《应用汉语词典》也有一段话反映了编者的观点：

> "想来"在句子里是做插补语……"他的话想来不错"，也可以说成"想来他的话不错"，这两句话的意思完全一样。要注意的是，插补语不能放在句子末尾[①]。

笔者赞同这种观点。位于句末的插入语，我们认为它们是言语的追加现象，语言中的任何成分甚至一个虚词都存在一个这样的位置，不独为插入语所有。因此，我们不把它作为插入语的位置考虑。例如：

他无限沮丧地走了。→ 他走了，无限沮丧地。

他经常周末踢足球。→ 他周末踢足球，经常。

不仅他来了，还带来了意向书。→ 他来了不仅，还带来了意向书。

这是一种临时的言语现象。

假如说汉语有句末的插入语的话，赵元任先生提到一种后附加语"罢了、也罢、也好、即可"有些类似，但它们已经虚化为一种位于句末的助词。

因此，我们没有考察插入语位于句末的情况。

5.4 小　结

本章我们从插入语和核心句的关系角度，考察了插入语的语法分布，发现一些插入语的基本情况：

1. 插入语和核心句之间的紧密度（即独立性）存在着一个

---

① 应用汉语词典 [M]. 北京：商务印书馆，2000.

从黏着到独立的连续统。总的来说,汉语中独立使用的插入语占多数。独立使用与否跟音节、语义、语气、连接功能、语体等有关系。

2. 插入语在核心句中起不同的作用。有的插入语可以强化和加深核心句中前后两部分的关系,具有连接性,而有的插入语没有连接性,有的插入语两种情况兼有。笔者推测,这三者之间存在着某种转化轨迹,须要进一步探究。

3. 人们过去一直认为插入语的位置很灵活。通过我们的考察,我们发现,插入语的位置有灵活,亦有固定,其中连接性的插入语的位置全都是固定的,不能随意改变。还有数量很少的一类非连接性的插入语的位置也很固定,只能位于句首或者句中。更多非连接性插入语的位置是比较灵活的。

第六章 插入语的语义特点

插入语的语义研究是前贤们研究最集中的领域,也是最为复杂的领域。前贤们对插入语进行了不同角度的语义分类。作为语言中一种特殊的成分,我们有必要对插入语的语义的总体特点进行认识,再深入研究其语义类别。

就像我们前文所说,只有弄清了插入语到底表达了一种什么样的语义,我们才能对它们进行有效的分类,这种语义分类才有意义。

我们认为,插入语的语义是一种整体凝固的虚化的语义,这种语义来源于插入语的中心动词的意义发生虚化;体现为一种语用功能意义,是经常在某种语言环境中使用而约定俗成的。

6.1 整体凝固的虚化语义

前面说过,插入语的内部组成成分和它所表达的意义之间常常没有直接的关系,因而不能就字面义来分析插入语的语义。

我们在前文按照中心词的意义将插入语做了形式上的分类，发现插入语大部分都是动词性短语，其中心词多是"说"、"看"、"想"、"知"一类的动词。我们认为，作为插入语，这些动词的意义都发生了虚化，它们和前面的人称（主要是第一人称和第二人称）构成了一个凝固的不可分割的整体。下面我们分别以"说"类插入语、"看"类插入语、"想"类插入语和"知"类插入语为对象，证明这些插入语在语义上已经不是一般的组合语义，而是整体凝固的虚化的特殊语义。

前辈学者曾经提到过某些短语的特殊义。比如孟琮先生很早就提到 ShP（即"说"字短语）认为它们"常和其他成分一起构成熟语性的短语，表示某种特殊的意思"。① 刘月华也提到对话中，"说"、"想"、"看"有一种多少离开本义的共同用法。② 常玉钟先生指出口语习用语的语义不是一般义，即能从其组成成分的意义推导出来的意义，而是一种特定义，它们是经常在某种语言环境使用而约定俗成的意义。③

前贤学者的观点对我们深有启发。插入语的语义是不是整体虚化的特殊语义，我们将从它们和实义动词短语区别的角度展开论述，力图证明这些曾经的实义动词短语已经变为语义整体虚化的插入语。

作为实义动词短语，其中心动词应该具有动词的典型的语法功能，比如有主语，能够带时体成分"了"、"着"、"过"，能够带宾语、能够回答问题，具有真实的命题意义等。而一旦语义抽象虚化，这些动词的语法功能就全部消失了。同时作为形式上的验证，这些虚化的短语结构，常常可以后加语气词"啊、呀"

---

① 孟琮. 口语"说"字小集 [J]. 中国语文，1982（5）.
② 刘月华. 对话中"说想看"的一种特殊用法 [J]. 中国语文，1986（3）.
③ 常玉钟. 口语习用语说略 [J]. 语言教学与研究，1989（2）.

等,从其他成分中独立出来,成为一个凝固的整体。

语义虚化还有一个很重要的特征,就是从语义上,虚化的实义动词常常会发生转域,即由一种语义域转到另一种语义域,如从具体动作的"行域"转到评价推理判断的"知域",或者从"知域"转为表示言语行为功能的"言域"。①

下面我们依照上述观点分别考察。

6.1.1 "说"类插入语的语义固化

"说"的本意是"用话来表达意思"。② 作为实义动词的"说"的常用搭配结构是"主语+说+引语"。这里的引语都是施事主语已经说过的话。

主语是第三人称时,与"说"形成的是实义动词短语。

(1) 他说去山里买点山货就回,谁知一去不返。
(2) 他们说这样下去不行。

这两句中的"说"字短语都是引语格式,可以转变为直接引语。

(1)′他说:"去山里买点山货就回"……
(2)′他们说:"这样下去可不行"。

6.1.1.1 "我说"的虚化

主语是第一、第二人称时,有两种情况。

先看"我说",例如:

---

① 沈家煊. 复句三域"行、知、言"[J]. 中国语文, 2003 (3).
② 现代汉语词典: 增订本 [M]. 北京: 商务印书馆, 2002.

(3) 我说我能一天干完,他不信。
(4) 我说,妈,你怎么老是这样,不要去管她。肯定是骗你的。

这两例的"我"是特定语境中特定的人,"说"用的是本义,保持着动词性,可以跟时态词语,"了"、"过"等。后面的成分是引语,引语的内容是"我"已经说过的话,可以转化为:

(3)′我说:"我一天能干完"。他不信。
(4)′我说:"妈,你怎么老是这样,不要去管她。肯定是骗你的"。

因此,这里的"我说"保持着实义动词短语的特点和功能。但是在下面的句子中,"我说"开始有了变化,其后成分不能理解为说话人说的内容:

(5) 我说,我的那口子在家哪?
(6) 我说啊,等你妈回来,把这些钱也给她瞧瞧,叫她也开开眼。(曹禺《雷雨》)

这里的"我说"都不能转变为直接引语。

(5)′我说:"我的那口子在家哪?"
(6)′我说啊:"等你妈回来,把这些钱也给她瞧瞧,叫她也开开眼。"

为什么会这样?例(5)中言者说话那会儿,他的"那口子"也在家,都是正在发生的事情。如果变成引语,就成了一种给别人转述过去的事情了。这显然与原意发生了悖逆。其实,这里的

"我说"其实是用来引起话头儿,让听话人注意,或者缓和疑问语气的,相当于一个招呼语。

陈建民先生在《汉语口语》中谈到称呼语时,曾发现一个有趣的语言现象。他说:

> 想残余的人,还习惯于旧的称谓,管自己老婆叫"家里的"、"做饭的",或者就叫"嘿"、"喂"、"喂,我说"。苏叔阳同志的话剧《家庭大事》里,写老北京何贵喊他老伴儿仍是"哼!我说,我说!"(《十月》1982年第2期)……①

可见这里的"我说"已经变成类似于称呼语的一个词了。与陈先生的观察有点不同的是,我们的语料显示,"我说"并不限于称呼老伴儿。例如:

(7) 刘鹏放下酒杯,对白亚文注视了一会儿,不禁呵呵大笑起来,连连点头说:
"<u>我说</u>,白飞同志,你也用不着客套。依我看,你只要这样坚持下去,前途真是未可限量呢,哈哈!"

(8) 孔淑贞伸出了双手,手心里布满了茧子。
老社长:"<u>我说</u>占武,你就不会让她干点别的工作吗?"

(9) 皮子厚回头瞪了她一眼:"真丧气,又碰上你了!死寡妇。"
"<u>我说</u>皮猴!你看那水挺清亮的!"
皮子厚真的看了看水。

---

① 陈建民.汉语口语[M].北京:北京出版社,1984.

这些"我说"都处于称呼语的前后，应该也算是一种招呼，在话语交谈中起到缓和语气的作用。

例（6）中的"我说"如果变成直接引语，就显得更古怪了。依据上下文（这是鲁贵跟女儿在说话，告诉女儿以后要做的事），说话人并不是转述自己已经说过的话，而是说出以前从未说过的话。显然，这里的"我说啊"语义也发生了变化，是一种提建议的开场白。这种用法在语料中还有：

(10) 这实心眼的庄稼人，脑子里想的就只有人民海军的坚船利炮。"哎，我说，咱们报航海专业，转业的时候找工作便当。"同伴挺知心地劝他。

(11) 颜中良好胜的本色又露头了。"我说，我们应再多卖一些余粮给国家，我们的番薯也多。"
"多卖个余粮！"这可没有人马上出来响应

显而易见，以上四个句子中的"我说"，已经不是原来那个实义动词短语了，它的语义已经整体凝固，虚化了。

体现在形式上，除了不能转化为引语形式，我们还看到，"我说"的后面不能再跟"了"、"过"等时态词语，可见已经失去了实义动词的语法特征。它们中间也不能再插入其他成分，变成"我对你说""我笑着说啊"，所以说它们已经成为一个整体，具有整体凝固的语义。

从语义上，"说"也已经发生了转域，即从表示具体动作的行域，转为表示言语功能的言域。

我们对《国家语委现代汉语语料库》进行统计，得到7000多个带有"我说"的句子。由于数量巨大，我们对前1000个带有"我说"的句子做了统计，已经凝固虚化的"我说"有74个，占 7.8%。

6.1.1.2 "我说呢"的虚化

"我说呢",虽然形式上与"我说"只有一个语气词之差,但语义完全不同于上述的"我说"、"我说啊"。下面是例子:

(1) 发现她口袋鼓鼓的,立即搜身,把两个豆包掏出来,婆婆立即大叫:"你这没脸没皮的东西.竟敢往娘家偷东西!<u>我说呢</u>,粮食囤总是见少,原来家里有贼!你说,每次回娘家,偷了多少东西?"

(2) A:三班长,你记住:一碰马的左前腿就卧,一拍马的脖子就立定。
B:(恍然大悟)啊!<u>我说呢</u>,你们班长这么痛快。(对一班长)好哇,差点让你把我蒙起来。指挥马既然换了,那就换定了。

(3) 啊,<u>我说呢</u>,小刘怎么尽说林老师好,一有事就找,一有事就找。

这里的"我说呢"后面并非是我说的话,而是一个事情的结果。因此"我说呢"表示说话人突然明白了事情的原因。有时候,"我说呢"后面只跟表示结果的小句,如例(2)和例(3);有时候后面跟结果小句以及表示原因的小句,如例(1);有的时候,一个人突然明白了什么事情时,他可以直接说"我说呢……",而不必说出后面的结果。我们统计《国家语委现代汉语语料库》中的例子只有8个,全部的"我说呢"都出现于对话中,而且已经是一个有整体意义的插入语,它的意义不是来源于各个词的组合。

6.1.1.3 "你说"的虚化

再看第二人称+说。如"你说"。

(1) 你说，小王到底去哪儿了？
(2) 你说面袋子能把人砸死，这是太奇怪了，我感到很纳闷。
(3) 你说怪不怪，各国的射手王竟然都不在大名单中。
(4) 你说这些台湾女艺人惨不惨，飞人拍拍尾股走了，却给她们留下了一堆绯闻。
(5) 你说这是毛病也好，习惯也好，还就是改不掉了。
(6) 小战士笑答："不，政委。入伍半年了，头回实弹打靶就摊上老大哥援助的新舰艇，你说多带劲！打完靶我就给爷爷写封信，他听了准高兴！""好好打，你爷爷一定会高兴！"冯涛笑着说。

例（1）说话人希望听话人回答自己。"说"具有"回答"义，意义还比较实在。

但是例（2）情况有所不同。如果听话人说过这样的话："面袋子能把人砸死"，说话人只是转述听话人说过的话，这时的"你说"的"说"就是实义动词，应该按照字面理解，可以在"你说"后面加"了"、"过"等时态助词，例如"你说过、你说了"等等。但这句话还可以这样理解，这句话并不是听话人说过的，说话者也没有让听话人发言的意图，说话人只是请听话人评价一下"面袋子能把人砸死"这事情，可以说成"你说啊、你说吧、你说呀"。这时的"你说"语义就发生了虚化，整体凝固了。可见，"你说"还处于意义的虚化过程中。

例（3）、例（4）、例（5）中的"你说"语义发生虚化的倾向更为明显。这里的"你说"并不是说话人想让听话人说话，而是表示征询对方的看法，希望对方同意自己的意见。这样的句子是无须听话人回答的。这里，"说"的意义已经发生了变化，

"你"的所指也很空灵,"你说"只有整体凝固的意义,表示请对方评价或者仅仅是称呼对方。这时"你说"已经变为插入语。

例(6)中"你说"更是完全没有让对方评价的意思,完全是小战士自己的感叹。不过,加上"你说",这句感叹透着小战士和政委之间的亲热关系。因此,这里的"你说"由"行域"转为"言域"。

《国家语委现代汉语语料库》中,"你说"总数达 4870 多个,我们统计了其中 100 个"你说",其中虚化的"你说"有 12 个,占 12%。

6.1.1.4 "告诉你说"、"我跟你说"的虚化

又如"告诉你说"、"我跟你说"。

(1) 告诉你说不要出门,你偏要出门。
(2) 嘿,告诉你说,要不是你小姑子说情啊,我非打死你不可。(《孔雀东南飞》转引自孟琮例)
(3) 我跟你说,干脆,把灯还是搁桌子上吧。
(4) 我跟你说,我们爷俩儿是什么省钱吃什么。(《三吃鱼》转引自孟琮例)

例(1)中的"告诉你说"是转述第三者的话或者自己过去说的话,是引语,是具体的实义动词短语。例(2)的"告诉你说"后面的成分是说话人当面要说的话,后面可以加语气词"告诉你说啊",有警告的功能,已经虚化。例(3)、例(4)中"我跟你说"也不是转述自己过去说过的话,而是提请听话人注意自己要说的话。这里的"说"意义转为"言域",已经虚化了,形成了整体凝固的语义。这是插入语的用法。

6.1.2 "看"类插入语的语义固化

"看"的基本意思是"使视线接触人或者物",①常见的句法框架是:

施事(主语)+看+受事/动宾小句。当主语是第三人称时,"看"是一个实义动词。

例如:

他在候车室看到一个讨饭的人。
她看夕阳西下,不免触景伤情。

这里的"看"可以加"了"、"着"、"过"等时体助词,是动词性的。

6.1.2.1 "我看"的虚化

当"看"的主语是第一人称和第二人称时,情况又有不同。"第一人称+看"有两种情形。例如

(1) 一位记者对刘文治说:"<u>我看</u>了两部《孙中山》(珠影的和台湾的),我觉得你太可爱了!"
(2) 鲤鱼翻腾了两下身子,悠哉游哉地游了起来。珠珠站在缸边,脸上像绽开一朵花儿。<u>我看</u>儿媳实在为难,就上前搂着珠珠说:"珠珠,今天就不杀了。要是半夜它不变成小姑娘,明天杀,怎么样?"
(3) "你的面色绯红绯红的,<u>我看</u>是喝马奶子醉了。
(4) 尤满子疑惑地问:"你办得了?<u>我看</u>,这事还只有求你

---

① 现代汉语词典:增订本.北京:商务印书馆,2002.

那个当局长的爹!"

(5) 但是他们考来考去的结果,无非是像顾颉刚那样,考出大禹是一个虫子。你说这真实不真实?<u>我看</u>不真实。

　　例(1)(2)中的"我看"很显然,是说话人的动作"用视线接触人或者事",是实义动词;而例(3)中的"我看"并不是用"视线接触",而是一种判断。例(4)中,"我看"既是一种判断,也是一种建议。例(5)中"我看"已经非常清楚地表示"我认为"的意思。很明显这些"我看"的意思已经发生变化,构成一种特殊的整体意义。

　　《国家语委现代汉语语料库》中的"我看"约有 5000 多个。我们考察了前 300 个,其中"我看"已经虚化为一体的有 91 个,占 30%。

6.1.2.2 "你看"的虚化

"你看"在下面的句中也不能仅从字面意义上理解。

(1) 咱们这期节目应该着重谈谈节俭,<u>您看</u>怎么样?

(2) 申二土也是个有火有烟的人,听完师长的话,他就蹦了起来:"<u>你看</u>我不够格,撤了我得啦,不要说战士想不通,说真格的,就连我申二土也不想到新疆去吃那哈密瓜。"

(3) 顾八奶奶:(对白露)<u>你看</u>我们成天打架,我们好玩不?(曹禺《日出》)

(4) 顾八奶奶:谢谢你!谢谢你!<u>你看</u>,我说过你是个"空前绝后"的杰作,那是一点也不错的。(曹禺《日出》)

(5) <u>您看</u>您工作的单位是中国广告协会,我觉得您应该一眼就能看出哪个广告有问题,是吧?

(6) <u>您看</u>,您说的这两个例子,我觉得都是非常典型的。

（7）您看这大过年的，要是被这些东西吃坏了身体，估计这一年您的心情都不会好过。

例（1）中主持人用"您看"希望对方发表自己的观点，相当于"您认为"。这里的"看"已经偏离了本意："用视线接触"，变成一个具有"认为"义的动词。到了例（2）中，"你看"显然已经是"认为"义。例（3）顾八奶奶说"你看"的目的也不是要对方用肉眼看自己打架，而是想让对方评价自己的行为，更重要的是希望对方同意自己的观点："我们成天打架，是不是很好玩啊"。这里的"你看"已经有了"请人评判"义。例句（4）中，这种希望对方同意自己的愿望更强烈，所以后句有"那是一点也不错的"重复强调。有趣的是，我们观察到，《日出》中经常使用"你看"的有两个人，一个是顾八奶奶，一个是张乔治，而这两个人令人讨厌的地方就是太"自我"，这也许跟他们俩大量使用"你看"有关系吧。

例句（5）用"您看"后面是介绍听话人的工作单位，跟"您看"完全没有关系。所以，这里的"您看"并非要请听话人看什么，话语的重点也不在于请嘉宾发表意见，而在于主持人希望对方与自己的观点保持一致，所以用"是吧"加以强调。

例句（6）（7）中言者已经不请对方发表观点和意见了，主持人用"您看"表明言者和对方的意见是完全一致的。

我们总结"你看"的意义发展有如下轨迹：
具体动作义——认为义——评价义＋趋同义——趋同义
我们认为，"你看"的意义已经凝固成一个整体。
《国家语委现代汉语语料库》中"您看"共出现了315次，其中已经意义虚化的有146个，占46％。

6.1.3 "想"类插入语的语义固化

"想"的本义是"开动脑筋;思索"①,如"我想了又想,我猜了又猜,女孩子的心思不简单"。常见句法框架是:施事(主语)+想+想的内容。例如:

> 我想到东四人民市场去看看,给姑妈买件礼物,表表我的心意。

"想"还可表示想念、希望和打算、认为和推测等意义。例如:

(1) 我想姑姑。
(2) 党支部决定要我挑起领导学生思想政治工作的担子。你知道,这是副教导主任的担子呀!我不挑起来不行呀!我想请你给我出出点子呢!
(3) 于观说,"我想回家。"
(4) 这些情况,曹师傅当然都了解,可是多年养成的习惯,到时候不唱嗓子发痒,那滋味儿我想大概就跟我见烟不抽时差不多。

例(1)中的"我想"是想念的意思。例(2)和(3)中的"我想"是我"希望和打算"的意思。例(4)中"我想"是推测的意思。都是实义动词短语。

6.1.3.1 "我想"的虚化

上述"我想"常常表示"我认为"、"我希望"、"我打算"

---

① 现代汉语词典:增订本 [M]. 北京:商务印书馆,2002.

等，本身就是一个表示"知域"的词，它的虚化很不明显。但是，我们可以观察到它虚化的轨迹。看下面的例子：

(1) 对这样重大的问题，他不想轻易表示态度，只是淡淡地说："我想，知识分子队伍，特别是很多老知识分子，尽管问题不少，也还是旧中国留给我们的一笔财富哩。"
(2) 周炳笑起来道："我不是什么绅士，不过我想，任何人也不会接受你们这个方案的。"
(3) "这几次召集的积极分子会，都没让你参加，我想，你一定有些想法……"吴国强刚开完党支部会，运动形势紧张，他替陈英担心，想提醒她注意。

这些例子中，"我想"有推测、认为的意思，但是，由于处于对话中，我们可以感觉到，除了这些意义，还有一些附加意义。这是说话者考虑听话者的感受，猜测听话者的心思，谨慎地表达自己的观点。用了"我想"，就使整个句子的语气变得很委婉。如果去掉"我想"，虽然意思没有大变，但整个语气会显得更坚决一些，最终讲话的效果会受到影响。如：

(1)′ 对这样重大的问题，他不想轻易表示态度，只是淡淡地说："知识分子队伍，特别是很多老知识分子，尽管问题不少，也还是旧中国留给我们的一笔财富哩。"
(2)′ 周炳笑起来道："我不是什么绅士，不过，任何人也不会接受你们这个方案的。"
(3)′ "这几次召集的积极分子会，都没让你参加，你一定有些想法……"吴国强刚开完党支部会，运动形势紧张，他替陈英担心，想提醒她注意。

因此，我们认为，在以上对话中的"我想"具有谨慎地表达说者的观点之义，使话语委婉，从这个意义上说，"我想"从"知域"转为"言域"，虚化了。

《国家语委现代汉语语料库》中"我想"有5646个，我们调查了其中前300个例子，发现，"我想"后面常常和表示假设和条件的句子共现，用虚拟的情景，表明说者的委婉态度。这从另一个角度证明，"我想"表示说者谨慎的态度。

(4) 过了一会儿，留小胡子的青年摇着头自言自语道："我想，哈吉德玛如果能找到苏嘎尔，无论他们在哪儿，也一定非常幸福！"几个牧人都严肃地点点头。

(5) 当看到我所设想声乐整体美在个别学生身上有所体现时，我真开心啊！我想当一个雕塑家看到自己所做的塑像完成时的欢乐，恐怕也就是这样的吧。

(6) 但擦近身体时我发现它的速度依然不慢，车轮发出的巨大的轰鸣和汽笛尖厉的吼声如雷贯耳震耳欲聋。我想这情景如果是发生在洪荒岁月或人类的蛮荒时代，必定要把人们吓散吓昏以至吓死，但现在已经无人把它当回事。

6.1.3.2 "你想"的虚化

"你想"表示"打算"的意义，形成"你想＋谓词性宾语句"的格式。例如：

(1) 你想观看奥运会男排资格赛吗？
(2) 假设你想购买土地或房屋，但是没有足够的现款，这就可以去银行借钱。

"你"想什么,言者通常不知道,所以"你想"后面常跟问句,形成"你想＋疑问"的格式。"你想"后面的问句也是真实的疑问,希望对方回答。例如:

(3) 你想考什么系?
(4) 你想干什么?
例(3)(4)都是真实疑问句,"想"是一个实义动词。

有时候,"你想"后面也是疑问句,但是,疑问的语气已经大减,变成反问了。例如:

(5) 你想人都这样了,他能来吗?
(6) 当然也零零碎碎风闻得一两句,可是我就和松生说,希强这么一个人,未必罢?你想,没有一点凭据,这句话怎么好意思随便往人家头上套?

这些句子并不是向对方寻求答案,因为言者的意见已经反映出来,就是"他不会来了"、"这句话不能随便往人家头上套"。这里的"你想"可以移位。也可以说成"人都这样了,你想他能来吗?"这里"你想"的疑问意义已经大大减少了。

但是有时候"你想"后面既不跟疑问的句子,也不表示"打算"之意。请看下例。

(7) 你想如果你是特别高兴的一个人,特别有幸福感的一个人,你见到了你周围的人,他们也会感到这种幸福,也会快乐。
(8) 你想要是换了对球队一点感情都没有的人,人家才不会关心你呢!
(9) 你想啊,一个少爷房里丫鬟的事居然要老太爷来亲自过问,可见问题就不简单。

上述句中,"你想"都不是"你打算"的意思,后面跟的是陈述而不是疑问的句子,为什么在对话中会出现这样的"你想"呢?这种"你想"有什么功能?我们认为,这里言者的意图并不是让对方思考,而是提请对方分享自己的观点,其实是说"请你想想"。

这几个句子都不能对"想"提问,因为它已经虚化,和"你"凝结为一个整体了。《国家语委现代汉语语料库》中有1519个"你想",我们统计了219个,其中表示提请对方同意自己观点的虚化的"你想"有16个,约占7%。

6.1.4 "知"类插入语的语义固化

知道:对于事实或道理有认识;懂得。① 孟琮编(1999)《汉语动词用法词典》列出"知道"有三类可带的宾语。
(1) 名词类:我知道那件事。
(2) 动词类:上颐和园他知道怎么走。
(3) 句子类:老陈知道小王闯了祸。
"你知道"常常出现在疑问的句子中:

你知道小王去美国了吗?

这里"知道"是实义动词,是典型的命题疑问,即具有真实语义价值的疑问,需要听话人回答。

但是在下面的句中,"知道"后面是非疑问的句子,"知道"

---

① 现代汉语词典:增订本 [M]. 北京:商务印书馆,2002.

意义发生了变化：

(1) 你知道我们家那口子，见了面条就像见了亲人一样。
(2) 党支部决定要我挑起领导学生思想政治工作的担子。你知道，这是副教导主任的担子呀！我不挑起来不行呀！我想请你给我出出点子呢！

"知道"在此有"了解"之意，事实上听者也许并不知道，并不了解。言者这里用非常肯定的语气说"你知道"，其用意是拉近两者之间的距离。这里的"你知道"不能提问，已经虚化了。

再看"要知道"

(1) 要知道，这个在记者面前不停喊穷的中年男子还养着几只价格不菲的小鸟，案发前还买了一只小狗。
(2) 要知道，这封忏悔信可是龚建平涉嫌黑哨案的一个重要物证啊。

两句中"要知道"无法从字面上进行解释，它是一个整体意义，用来吸引听话人的注意，告诉听话人一个新信息，并把这个新信息作为两人共享的知识，达到与听话人保持一致的目的。

"知道"类常见的固定格式包括由第一人称构成的"我不知道"和零形主语"不知道"以及第二人称的"你知道"，陶红印先生也已经证明它们在语音、语法和语用上呈现固定化的倾向。[1] 他认为，"我不知道"表示说话人的猜疑，它并不是用来

---

① 陶红印. 从语音、语法和话语特征看"知道"格式在谈话中的演化 [J]. 中国语文，2003（4）.

回答问题的，而是表明说话人对某些所谈论的问题自生疑惑，是说话人的主观世界的外部表现。"不知道"标识说话人的不坚定的态度。"你知道"是调节谈话的手段。可见，"知道"在这些格式中意义都不再实在。陶先生的论证严密精到，因此不再赘述。

上述格式中，主要动词的语义都发生了虚化，从而产生了一种整体凝固的语义，这就是插入语的语义。

6.2 语用功能意义

6.2.1 定　义

上面我们对中心词为"说"、"想"、"看"、"知"等类型的插入语进行了考察，证明这些插入语的语义都虚化了，产生了特殊的整体凝固的语义。这种特殊的语义不是字面的组合意义，也不是一种是实在的意义，正如我们前面所说，前贤学者都认为这是一种特殊的语义。按照传统语义学和句法学的方法，对它们的认识无法进一步深入。

符号学的理论为我们进一步研究插入语打开了一扇窗。语言是一个符号系统，从 F. de Saussure 发端的结构语言学，历来都对此加以强调，并力图从符号学的角度来考察语言。美国哲学家莫里斯（Charles William Morris）1938 在《符号学理论基础》中把符号学分为：

> 句法学（Syntactic）研究符号和符号的结合（有的逻辑学著作中也称语形学）；
> 语义学（Semantics）研究符号和指示物的关系（也可以称为指称关系 reference）；

语用学（Pragmatics）研究符号和使用者的关系[①]。

按照莫里斯的观点，语义学研究的是符号的指称关系。从这个层面上来看，插入语不具有符号和指示物的关系（指称关系），因为我们上述的研究证明，插入语没有实际的所指，语义很虚，不实在。从这个角度研究插入语很难取得实质性进展。但是我们看到，有的插入语能够表达语言符号和语言符号之间的关系，有的插入语能够表达符号和使用者之间的关系。因此，我们猜测，插入语作为一种语言符号，其语义是不是就体现于句法意义和语用意义两个层面？这是不是就是人们常说的插入语的语义？

莫里斯在1946年出版的《符号、语言和行为》中对他在《符号理论基础》中提出的句法学（语形学）、语义学和语用学这三个概念进行了新的界定。这个界定提醒我们应该把插入语放在一个更为广阔的背景中认识。莫里斯指出：语用学是符号学的一部分，<u>它研究符号的来源、用法及其在行为中出现时所产生的作用</u>。（为作者所加）这一点，与我们前文提到的本书的最终研究目标一致：研究插入语，就是要探究插入语的来源、用法以及它们的作用（价值）。

共同的研究目标启发我们对以往的研究角度和立足点进行了调整。插入语作为一种传递信息的语言符号，它在信息传递中的功能（作用）应该是我们考察的重点。考察插入语的功能，这就意味着：

首先，必须将插入语的研究范围扩大到话语和篇章，即语篇（话语和篇章），而不仅仅是句子；

与此相应的，必须将对插入语的研究角度从句法中的语用层

[①] 索振羽．语用学教程[M]．北京：北京大学出版社，2000，1．

面扩大到语篇的语用层面。只有从语用学的层面上，弄清插入语在实际语境中的运用，才能深入而全面地研究插入语的语义。

总结上述，我们认为，插入语作为语言中的一种特殊符号，插入语的语义，就是一种功能意义，具体来说，是插入语在实际运用中的句法意义和语用意义。

只有句法意义和语用意义，在这一点上，插入语类似于汉语的虚词。关于虚词，最早的定义是马建忠先生的："无解而惟以助实字之情态者，曰虚字。"① 《现代汉语词典》对虚词的解释是：虚词只起语法作用，表示结构关系②。

如何弄清虚词的意义，陆俭明、马真指出：

> 要正确把握某个虚词的意义，有时还需注意考察这个虚词使用的语义背景。③

什么叫虚词运用的语义背景呢？马真先生解释道：

> 所谓虚词运用的语用背景，就是指某个虚词能在什么样的情况或者上下文中出现，不能在什么样的情况或上下文中出现；或者说，某个虚词适宜于什么场合或者什么样的上下文中使用，不适宜于什么场合或什么样的上下文中使用。④

研究虚词的意义要考虑虚词出现的语义环境，同样，笔者认为，插入语的意义，也来源于它们经常出现的语言环境，其意义

---

① 马建忠. 马氏文通 [M]. 北京：商务印书馆 2002.
② 现代汉语词典：增订本 [M]. 北京：商务印书馆，2002.
③ 陆俭明，马真. 现代汉语虚词散论 [M]. 北京：北京大学出版社，1985.
④ 马真. 现代汉语虚词研究方法论 [M]. 北京：商务印书馆，2004.

就是在长期的固定的语境中约定俗成而形成的。

对语境的关注，意味着更关注语言单位整体在实际的言语活动中的运用问题，尤其是那些需要借助语境才能理解的非字面意义的表达问题。与句法学和传统语义学不同，语用学研究的是交际过程中语言意义的表达和理解，而语义的实际表达和理解，则需要通过联系语境因素，从功能上进行归纳。

关注语境，这一点与前贤学者在插入语的研究上已经有了很大的不同。

研究范围和研究角度的重新界定，笔者认为对于我们达到最终的研究目标——探究插入语的来源、用法和作用（价值），具有决定意义。

6.2.2 研究方法和路径

要把握插入语的意义，重要的是要弄清它们出现的语言环境，以及从中所显示出来的句法意义和语用意义。涉及到语境，我们不能不慎重对待。

语境，简单地说就是语言运用的环境。一般分为微观语境和宏观语境两类。宏观语境指的是语言运用的社会文化历史背景，这就交际主体来说表现为一种世界知识。微观语境包括当下情境（immediate situation）和上下文（co－text）。

弗斯（John. Rupert. Firth[①]）曾为"当下情景"（他称为"情境上下文"）作过严格的界定：

A. 参与者的有关特征：是哪些人，有什么样的人格，有什么有关特征。1）参与者的语言行为，2）参与者的非语言活动。

B. 有关的客体

[①] John. Rupert. Firth, *Personality and Language in Society*, Oxford Univerity Press, 1950.

C. 言语活动的影响

利奇为了不把语境无限扩大，他的语境只限于组成话语的情景的四个因素：

A. 话语本身；

B. 话语的说话人/写话人；

C. 话语的听话人/读话人；

D. 言语行为[①]。

为了准确地考察插入语的意义，结合上述学者的观点，我们把语境也限定在一个较小的范围之内，只考察这个语篇本身，以及对这个语篇的理解和表达具有决定意义的因素。即，人们在什么样的情况下说出这样的话，这样的话具有什么样的交际功能，对听话人有什么影响，是哪个语言单位负载了这样的交际信息。同时，也参考马真先生的做法，观察这些插入语能在什么样的情况或者上下文中出现，不能在什么样的情况或上下文中出现，即它们的适用条件。

我们希望从中确定插入语的语义。

为了确定插入语的语用功能意义，我们将采用对比的方法：

将出现插入语和没有插入语的句子进行对比；

在带不同的插入语的句子之间进行对比。

还要注意的一点是，在分析插入语的语义时一定要注意形式和意义的结合。尽量找到形式和意义的对应的标记，包括显性的和隐性的标记。

6.2.3 插入语的语用功能义举隅

下面试以几个例子证明插入语的语义是一种语用功能意义，

---

① [英] 杰弗里·利奇. 语义学 [M]. 上海：外语教育出版社，1987：463.

我们能在一定的语境中确定这种意义。

6.2.2.1 "你还别说"的语用功能义

这个形式还包含：别说、还别说、也别说、你别说，等等不同形式。

看下面的例子：

(1) 这孩子考上大学了。
(1)′ 你还别说，这孩子考上大学了。

我们发现，由于有了插入语"你还别说"，这两句话的意义有了很大差别。（1）仅仅是一个客观的陈述，陈述一种事实。(1)′不仅告诉听者"这孩子考上大学"这个事实，还别有一层涵义。这孩子考上大学了，出乎大家的意料。那么，这里的"你还别说"是不是"没想到"的意思呢？

(2) 你还别说，这孩子考上大学了。
　　没想到，这孩子考上大学了。
(3) 你还别说，这确是个主意！
　　*没想到，这确是个主意！

例（3）中不能替换，这表明"你还别说"的意义比"没想到"更为丰富。

下面我们从语义背景和基本语义出发，阐述"你还别说"的语用功能意义。

首先，我们考察人们会在什么样的情况下说出这样的话。

下面看几个例子：

(4) A：她……唱歌特别棒。后来孩子多了，歌也没法唱了。
B：都忙于家务嘛！
A：你还别说，她对唱歌还是挺刻苦的，每天都坚持基本功训练。

(5) A：这就是我们书记给我们家设计的人物形象。
B：你还别说，真有点意思。

(6)（甲）上下打量着我，然后问："你现在胃里好受吗？"
我仔细体会了一下，思忖着答："你还别说，是有点撑得难受。"

(7) A：前两年不是还有一特火的体育动画片叫《灌篮高手》吗，在上海播的时候，那些学生崽个个发疯似的，下了课就在场上学樱木花道。
B：你还别说，这好的动画片有时候还真能给人启发。我们这里有一个编辑都快三十的人了，前两天还惦记着十多年前看的两部国产动画片。

例（4）中，"你还别说"表示说者开始对"她唱歌会很努力"的怀疑，后来又对此加以肯定。

例（5）中表达了说者一开始对书记设计人物形象的能力的怀疑，后来又加以肯定。

例（6）中问者的意思显然是希望答者回答"撑得有点难受"，答者用"你还别说"表达了自己前期对此的怀疑，和后期对此的肯定。

例（7）中B说"你还别说"，暗含着以前觉得动画片对孩子的影响不好，但是"没想到"能给人启发，因此，言者对此加以肯定。

因此，笔者认为，当言者对事情前期有怀疑，但是后期又加以肯定时，可以说"你还别说"。

不能忽视的是,"你还别说",还涉及到说话人对听话人的关注:请你也相信我,虽然有点没想到,但这是真的。因此,体现在语言形式上,"你还别说"后面的核心句往往跟"真、是、的"等表示进一步确定的副词和助词共现,表示确是如此。

这种复杂的意义和用法在长期的语言使用环境中重复使用,从而凝固下来,成为"你还别说"的意义。这就是插入语的语用功能义。

"你还别说"的核心语义就是:请你别怀疑,也别感到意外,我确定后面的事实。

下面我们用实例验证一下这个意义在上下文中是否合适:

(8) 那位要问了,长啸你是不是有问题啊,是不是中国足球全输光了你才高兴?哎,你还别说,中国女足这回赢了还真不见得是件好事。为什么呢?因为中国足球最擅长一俊遮百丑,不管前面输的多么惨,只要还有一样东西能拿的出手,基本上就能过关。

(8)' 那位要问了,长啸你是不是有问题啊,是不是中国足球全输光了你才高兴?哎,(请你别怀疑,也别感意外,我确定),中国女足这回赢了还真不见得是件好事。为什么呢?因为中国足球最擅长一俊遮百丑,不管前面输的多么惨,只要还有一样东西能拿的出手,基本上就能过关。

(9) 今天的总经理会议,严世铎没有到场。让老记们好不遗憾。据说他正忙着向属下打招呼,给两位写内参的新华社记者广开绿灯。你还别说,这黑哨风波没准还真得靠内参来解决呢!

(9)' 今天的总经理会议,严世铎没有到场。让老记们好不遗憾。据说他正忙着向属下打招呼,给两位写内参的新华社记者广开绿灯。(请你别怀疑,也别感意外,我确定)这黑哨风波没准还真得靠内参来解决呢!

上述意义显然很适合上下文,因此,我们认为解释正确。下面,我们再从语言的形式上分析"你还别说"的语义。"你还别+动词"格式,在语言中还不少,例如:

你还别不信,人家可都是专家。
你还别不服,这只破鸡这两天还挺神气的。
你还别吹牛,你有种你就不割呀!
你还别给个鼻子就上脸!
你还别揣着明白跟我装糊涂!

上述的格式,都是表示说者对听者的制止。相当于:

别不信,人家可都是专家。
别不服,这只破鸡这两天还挺神气的。
别吹牛,你有种你就不割呀!
别给个鼻子就上脸!
别揣着明白跟我装糊涂!

但是,没有了"还",就是很直接的制止。加上了"还",意义有了改变。"还",《现代汉语词典》的释义是:表示对某件事,没想到如此,而居然如此。例如:他还真有本事。简单而言,"还"就是"感到意外+确定"之义。合在一起,就可以理解为:你别感到意外,别不信/别不服……这是真的。

上述几例中,"你还别说"后面都是一些让人感到惊奇或者让人怀疑的事情:她孩子多了,但是唱歌还很刻苦;书记竟然会设计人物；我没有想到会撑得难受；动画片还能给人启发。这意味着说者说"你还别说"时，已经提前预想到听者会吃惊和怀疑，所以他说"你还别说"，让听者不要吃惊和怀疑。

"说"上文已经证明不是一个具体的实义动词，意义很虚，结合上下文语境，我们找出了"你还别说"中，包含制止义、意外义，以及确定义。

因此，我们说，插入语"你还别说"的语用功能义来源于上下文语境和它的基本语义。这种意义是能够被认识和归纳的。

董秀芳（2007）考察了"别说"的词汇化过程。她认为"别说"是个话语标记，来源于"别说"的提醒义。①

笔者认为，"你还别说"等并没有发展为话语标记，作为话语标记，其核心功能是标示话语单位之间的关系，对话语的发展起指示作用。而"你还别说"之类，它们还只是表达制止、意外和确定义的语用功能意义的插入语。

6.2.2.2　"按说"的语用功能义

《现代汉语词典》（2002年增补本）上的"按说"解释是：

> 按说：依照事实或情理来说：这么大的孩子，～该懂事了/五一节都过了，～该穿单衣了，可是一早一晚还离不了毛衣。

这里仅仅就字面义（理性意义）进行了解释。但是，"按说"的语义更多的体现为语用意。据我们观察，句子加上"按说"以后，句子的语义与原来的字面意义有很大差别。

---

① 董秀芳．词汇化与话语标记的形成［J］．世界汉语教学，2007（1）．

(1) 我踩了人家，惊醒了人家的好觉，<u>按说</u>应该给人家赔个不是才对。可看看这人的模样儿，不过是个露宿街头的叫花子。我扭身就想走。

(2) <u>按理说</u>，黄保全完全可以离开他的这个朋友，但由于没有住处和工作，他毕竟又有点不忍舍弃。

"按说"出现的上下文语境是：

a. 前句常常跟"应该"、"该"一类的副词连用，表示常理应该如此；

b. 后句常续接一个表示转折的句子，表示事实没有如此。

"按说"、"按理说"的语义由于这种上下文的长期作用，而凝固下来，附带上了语境的意义，即强调事情没有按一般常规的方向发展。所以，有时没有后续的转折的句子，我们也能理解句子的意义：

<u>按说</u>该下雨了。

对这句话的理解一定是没有下雨，说话人认为这与常规不符。

所以，我们认为，"按说"的核心语义是：反常理。

有时，"按说"后接一个简单小句：他按说懂事了。这时全句的意思实际是他不懂事。

6.2.2.3 "这样吧"的语用功能义

"这样吧"的语义也离不开对语境的分析。只有放在上下文语境中，才能抽象出它的语义来。

(1) 见我很急，他又说："<u>这样吧</u>，我立马陪您到火车站去等退票。"

(2) 见我很急,他又说:"我立马陪您到火车站去等退票。"

如果不用"这样吧",意思没有改变,但语气大变。"这样吧"相当于说,我这样做,您看怎么样?这里包含着说话人对听话人的询问、商量和请求的语气,如果去掉它,则显得毋庸置疑。

"这样吧"具有商量的基本语义,我们还观察到,"这样吧"经常出现的语用前提是,交际双方前面已经有了一些周折,说话人说此话是为了提出一个好的建议,使事件朝着双方都能接受的方向发展。

(3) 一位在证券公司工作的老同学来广州出差,两个人一聊股票,老同学笑了:"你呀,还是老脾气,什么事都爱着急——做股票可不是着急就能解决问题的!这样吧,既然你把握不好买卖点,干脆跟着黑马雷达做波段得了!"
(4) 方丈看了看小和尚,还是什么也没说,回到房间里搬出那块石头。"这样吧,这次你把这块石头拿到山下的米铺老板那去卖,但是,还记住:无论他出多少钱都不要卖!"

所以,没有语境,初次和人商量或者请求别人时,不能用"这样吧"来做开场白。
因此,"这样吧"的核心语义是,商量义+建议义。
6.2.2.4 "这么说吧"的语用功能义
先看例句:

(1) 她既发现了厂长的尴尬,又为陆平的提议担心,因此就模棱两可地说:"因为……我觉得……这么说吧,人家日本'三洋'解决不了的难题,咱何必去自讨苦吃?"

(2) 可我又可怜你,五十多岁了,还不知道个进退!这话怎么讲呢?这么说吧:当一辈子人,就是为了图个吃喝玩乐。为了达到这个目的,开始时候就得像你那么干,

(3) 马林生佶屈聱牙的长句妨碍了她的收听能力。"这么说吧,我们拿这本书作个比较吧!"马林生从书架上拿下一本近期畅销的情节小说,"这是本可读性很强的小说。"

(4) A:汗流的:"哗——!"
B:干吗?下雨啦!
A:汗多呀!
B:多也不能"哗——!"
A:这么说吧,那天打完了,他体重减轻了好几斤。
B:哎呀!那么累呀?

(5) 这么说吧,我还是建议读者去读一些其他的更好的书,他只有读了更好的书,他才可能知道李敖不是一个好作家。

(6) 这么说吧,可能以前你害怕很多东西,看完这本书,遇到一个拦路抢劫的我都不怕了。

分析以上例句,我们可以抽象出"这么说吧"常常出现的语义背景:

a. 说话人为了让听话人理解,认为有必要换一种说法;
b. 说话人希望听话人接受自己的观点或者建议。

长期在这种使用条件下,"这么说吧"就附带上语境意义,它的语用意义就是:委婉地向对方解释。

6.2.2.5 "这么说"的语用功能义

从组成成分上分析,"这么"是"说"的一种方式,但是在"这么说"中,"这么说",并不是表示说话的方式,而是表示说话者根据前文进行推理,进而推测出一种结论。

(1) 只听一声发自肺腑的悲号在白娘观里响了起来,那是梁家安的声音……朱秀芸说完,刘晓玉也愣了:"<u>这么说</u>,还真有狐仙了?"

(2) "这是一系列非常庞杂的计算,一定要请'电子大算盘'帮助,这才能算出精确的结果。""<u>这么说</u>,我们祖国发射了好几颗人造地球卫星,这光辉的成就是跟我们算盘的功劳分不开的。"

(3) "那太巧啦,我两个哥哥都是在培正中学读书,我上的是培正小学……""<u>这么说</u>,我们是校友啰!"

表示推理出一种结果,这就是"这么说"的功能意义。由于长期附带着固定的功能意义,有时甚至不要后续句,也能表达意义。

当幸子为自己的出生之谜痛苦不堪时,坐在电视机前的姑娘突然联想到自己:刚看到一本书上说,父母双亲的血型都是O型的,他们孩子的血型一定也是O型的。自己父母的血型正是O型的,而自己的血型却是AB型的。"<u>这么说</u>……"她不敢想下去了。从此以后,她的脑子里充满着种种奇思异想。

"这么说"后面的话当然是"我不是亲生的",这是由说话人推论出来的。

6.3 小　结

本章我们总结了插入语的语义的总体特点，它是一种整体凝固的语义，是由于中心动词的语义发生了虚化造成的。它又是一种语用功能意义，这种意义涉及到的语境主要是包括符号之间的关系，以及符号和使用者的关系，是在长期的语言环境中重复出现而形成的意义。

认清插入语的语义特点，是进行语义分类的第一步。

第七章　插入语的语用功能及类别（上）

我们在前一章在语用学的层面上明确了插入语的语义是一种语用功能义，那么这种插入语的特殊的语用功能意义，对于整个语言表达的作用是什么？语言中为什么存在这一类成分？

笔者认为，插入语在语言中的作用是表示主观性。这是插入语的本质功能，也是插入语尽管在形式上不是"插入"，而是附着，却仍然被称为插入语的根本原因。

7.1　插入语的主观性

7.1.1　定　义

我们认为，插入语标记着语言的主观性，词语化的插入语是主观化的表现形式之一。

以往在结构语言学和形式语言学的主导下，语言学家"一直有一种唯理智论的偏见,即认为语言基本上是(即便不完全是)用来表达命题式思维的"(Lyons,1982:103)他们认为语言的功能就是客观地表达命题,不愿意承认话语中还有表现自我主观成分。①

很早以前 W. von Humboldt 就说过"观念会借助语言获得真实的客观性,但并不因此而失去主观性"。② 语言现象,确切地说言语现象,既有客观的一面,也有主观的一面。由于说话人事实上总是和话语同时存在,他的主观意向、目的、观念,就不能不烙印在话语中。

上个世纪末功能语言学、语用学等兴起,他们都强调,语言不仅仅客观地表达命题式的思想,还要表达言语的主体即说话人的观点、感情和态度。

《语言学百科辞典》认为:联系言语主体研究的问题有:(1)公开或隐藏的语句目的;(2)言语策略和概括言语行为类型;(3)服从于合作原则的会话规则……(4)说话人的意向或称语句的语用意义;(5)说话人的指称;(6)语用预设:指说话人对受话人的共有背景知识、其对信息具体了解程度、兴趣、意见、观点、心理状态、性格特点及理解能力的评估;(7)说话人对自己表述的态度……③

沈家煊先生对主观性是这样描述的:

主观性指的是语言有这样的特性:在话语中多多少少总是含有说话人自我的表现成分。也就是说,说话人在说出一段话的同时,也表明自己对这段话的立场、态度和感情,从而在话语中留下自我的印迹。

---

① 沈家煊.语言的主观性和主观化[J].外语教学与研究,2001(7).
② 华邵.语言经纬[M].北京:商务印书馆,2003:220.
③ 华邵.语言经纬[M].北京:商务印书馆,2003:220.

主观化则是指语言为表现这种主观性而采用相应的结构形式或经历相应的演变过程。

他认为，语言的主观性研究主要涉及三个方面：

1. 说话人的视角：说话人对客观情状的观察角度，或是对客观情状加以叙说的出发点。

2. 说话人的情感：包括感情、情绪、意向、态度等。

3. 说话人的认识：主要跟情态动词和情态副词有关。

这三方面互有交叉和联系，有时很难截然分开[①]。也就是说，可以从以上三方面判断一个语言片段是不是具有主观性，即看这个语言片段是否带上了说话人的视角、情感和认识。

看一个语言片段是否具有主观性，应该看这个片段是否有一个隐藏了的"言者主语"（speaker subject）[②] 或者叫"言说主语"（utterance subject）。"言者主语"不是根据语言结构划分的"句子主语"（sentence subject），而是在交际中的"内在自我"——或隐或显的说话人。

在以往的语言分析时，语言学家更关注的是句子主语。近年来又提出了言者主语的概念。例如：

(1) Let us go.

(2) Let's go.

句子的主语是叙说的起点，在祈使句中通常是听话人"you"，一般不说出来。因此（1）句中"let"的主语是"you"，如果加疑问尾句要说：

Let us go, will you ?

(2) 中，let 和 go 的主语是"咱们"，包括 you 在内。如果加疑问尾句要说：

---

① 沈家煊．语言的主观性和主观化［J］．外语教学与研究，2001（7）．
② 沈家煊．语言的主观性和主观化［J］．外语教学与研究，2001（7）．

Let's go, shall we?

这就是言者主语，不是句子主语。① 上两个句子，显然带有言者主语的后者的主观性强于前者。

华邵先生也指出，主体这个概念具有三重属性：有述谓性主体，即命题中的判断对象，相当于主语；还有信源主体，它指明语句中所表述的思想属于谁。除此之外，还有一个言语主体，言语主体指此时、此地、当下的"我"——说话人。有时，说话人可以通过第一人称代词明白表示出来，表明句中的信息、观点、评价来源于说话人，此时信源主体和话语主体合二为一。在更多的场合下，或者由于不言而喻，或者有意隐藏，真正言语主体并没有直接表示出来，比如"客观地说"等等，我们仍能感觉到说话人的存在。这种隐藏的、未直接表示出来的说话人，叫"内在的自我"。设法寻找其表现形式，以了解说话人的思想，是语用学中有意思的课题②。

笔者认为，插入语就是语言中表达主观性的语言形式，是"内在的自我"的一种显性的表达形式。

下面我们以"说"类插入语为例证明这类插入语具有主观性的总体特点。之所以选择这类插入语，是因为它们数量最多，高达 120 多个，"说"作为表达世界的主要方式，更有代表性。

7.1.2 "说"类插入语的主观性

我们在前文已经列出 120 多个"说"类插入语，非连接性的插入语有以下这些：

你说　你别说　你还别说　别说　还别说　你说说　我说
我说吧　丑话说在前头　话说在前头　不用说　不消说

---

① 沈家煊．语言的主观性和主观化[J]．外语教学与研究，2001 (7)．
② 华邵．语言经纬[M]．北京：商务印书馆，2003：221．

第七章 插入语的语用功能及类别（上）

说句不客气的话　说老实话　说心里话　说良心话　说真的
说真格的　应该说　可以说　实在说　老实说
客观地说　听说　实事求是地说　简单地说　具体地说
广义地说　狭义地说　严格地说　泛泛地说　确切地说
往多了说　往少了说　少说　总的来说　照我说　说到
不言而喻　毋庸讳言　一般来说　一般说来　一般地说
一般说　用你的话说　明了了吧　不瞒你说　说是　说来
泛泛而言　简而言之　让我说　要我说　依我说　叫我说
说到底　说起来　说白了　析言之　要言之　简言之
可谓　极言之　传说　据说　话说　相传　说来说去

半凝固的结构中"说"类插入语有：
就……而言　就……来说　就……来讲　据……说
从……（角度）来说　……而言　……来讲　……来说
对于……来说（讲）　对……来说（讲）　……地说
……地讲

前文我们已经证明，"说"类插入语的语义，尤其是"说"的语义已经整体虚化了。虚化的方向是朝着语用功能意义发展。据我们进一步考察，"说"类插入语的语用功能义主要就是表达语言的主观性。即它们主要是用来表达说话人的视角、情感以及评判的语言形式。

下面我们以"小王结婚了"这个句子为例，通过添加"说"类插入语，从共时的角度来证明插入语的主观性。

(1) 小王结婚了。
(2) 听说小王结婚了。
(3) 据说小王结婚了。
(4) 你还别说，小王结婚了。
(5) 不瞒你说，小王结婚了。

(6) 明说了吧，小王结婚了。

例（1）是陈述一种事实，客观地说明过去发生的一件事。句子的主语就是述说的出发点"小王"。在此我们看不见说话人的影子。

例（2）加上了一个插入语"听说"，句子的结构和整体意思就发生了变化。首先，这个句子的主语仍然是"小王"，但是这是句子的形式上的主语——句子主语（sentence subject），也叫语法主语；我们发现，句中还同时隐藏着另一个主语，即文中没有出现的"我"，沈家煊先生称之为言者主语（speaker subject），这是一个更高层面的主语。其次，这个句子的语义除了告诉听话人"小王结婚"这个事实以外，说话人还说明了自己和这件事的关系："小王结婚"这件事是说话人听到的，不是亲眼看到的。在这个客观事实之上，说话人的角色和作用凸现出来。表明了说话人的非客观视角和平实的态度。因此，具有主观性。

相比之下，例（3）加上"据说"使"小王结婚了"这件事的可靠性打了一个折扣。这件事和说话人之间的关系不是直接的，而是经过更远的传言，可信度进一步下降。

例（4）中，"你还别说"这个插入语，表明说话人的两种用意：一是感到意外，一是提醒听话人也注意，过去的认识有偏见，应该重新肯定一个事实。会听话的人一定能从中听出说话人的弦外之音：说话者认为，小王结婚这件事是自己（包括听话人）没有想到的，以前自己（包括听话人）认为小王出于各种原因可能结不了婚。句意改变了，说话人的用意不仅在于报告"小王结婚"这一事件，还带上了说话人的心路历程以及对听话人的关注，即以前自己怀疑这件事，而今肯定这件事。留下了深刻的说话人的主观性印迹。

例（5）"不瞒你说"是说话人用来拉近和听话人关系的句

子,我说的是实话,不会瞒你。隐含着"小王结婚"这件事可能是个秘密,我拿出来与你分享,可见我和你关系很亲密。

例(6)表明了说话人另有一种隐情,我本来不想告诉你小王结婚这件事,但还是告诉你吧。

从以上分析可见,由于插入语的出现,句子的意义变得越来越依赖说话人对命题内容的主观信念和态度。听话听音儿,这些插入语带有很明确的说话人的主观印迹,表明了说话人的立场和情感,甚至改变了原有的命题意义。伴随着插入语,言者的主观性显露无遗。

以上用个案的分析来证明插入语具有主观性,我们调查了上述80多个"说"类插入语,大部分具有主观性的功能。下面举例说明。

(7) 吃完饭要端着这盆,打着火把,到每个房间去转悠。过去把这叫做"赶鬼",现在可以说是检查卫生,看各房打扫得干净不干净,布置得漂亮不漂亮。

"可以说"是说话人直接出来发表自己的评论,隐藏的、内在的说话人是"我"。这是一种认识句,所以常有"是"这个成分共现。与"可以说"接近的插入语还有:"应该说、应当说、不用说、不消说",说话人的语气有夸张和缩小之别。

例如:

(8)《新兵连》中那怀着各种各样憧憬,同时又怀着各种各样困惑的新兵们,他们据以观察事物,思考生存的基点,不消说带有颇为浓郁的农业文明的色彩,这使得他们在千变万化的时代生活中没有过分随人俯仰,保有自身的特点。

(9) 这时,他们发现过去的现实主义,不是完整的现实主义;它忘却了对巨大的心灵世界所承担的历史责任。这一发现<u>应当说</u>,是中国文学现实主义历史上一件极为有意义的大事。

"不消说"自然是"说者"的评论,还摆明说者的另一层涵义:这事谁都很容易看出来。"应当说"也是"说者"的评判,说者还认为这是理所应当的。又如,

(10) 你把眼睛都抖擞瞎了,现在还指望什么呢!<u>依我说</u>,领几个残废金,老老实实里一呆。别管农业合作社办不办,大灰驴死不死,就是天塌下来,咱们也管不着。

"依我说"表示说话者的建议。与此意义接近的插入语还有:照我说、让我说、要我说、我说、要叫我说。
例如:

(11) 你听着,我爹那个封建脑瓜子,还想请媒人哪,昨儿连给媒人带的礼数都买来啦,你看糟心不糟心;<u>照我说</u>,而今婚姻法普遍实行,我们两人就得自个儿做主,反对父母包办!这才是新时代的青年!

(12) 老秋婶忍不住,嘿嘿笑两声,点头承认了:"<u>要叫我说</u>呢,我那闺女,就是这样子。可是,我夸有啥用!俗话说,娘夸闺女不算夸,婆夸媳妇才是花。"

有的插入语能够表示说话人对自己说话内容的评价。例如:

(13) 中国的财政经济,早就达到了山穷水尽的地步,但为什

么还有力量进行内战？为什么还能供给庞大的军需？老实说，主要就是靠了美国的援助。

"老实说"表明说话者对自己说话内容的评价，强调说话的真实性。语气是平实的。这类表示说话人自己的态度、立场等的插入语还有：说实话、说心里话、说到底、说真的、说句良心话、说掏心窝子的话、说难听点、客观地说、广义地说、实事求是地说、泛泛而言、泛泛地说、严格地说、说句公道话等。这些插入语都有言者主语"我"的隐性存在。

例如：

(14) 我们军队的素质在战争年代是很好的，在抗美援朝时也是很好的。老实说，有那样的素质，就是用现有的武器，也可以打仗，也可以学会适应现代化战争的条件，打败强大的帝国主义。

(15) 佐临先生点将，要我在他从艺五十周年的纪念演出中，参演《夜店》中的一折，我欣然应诺。说实在的，我过去"反串"过电影、文明戏，而一本正经地演话剧这还是头一遭，我为黄老对我的信任感到荣幸。

本文以"说"类插入语为代表，只是考察了一个很小的样本，证明了插入语带有表现语言主观性的功能。笔者认为，"说"类插入语之所以能带有主观性，这与它的基本语义"说"有很大关系，"说"的动作行为的主体，自然是言者，言者或隐或显，语言的主观性却烙印深刻，对听者的理解作用不容忽视。

7.1.3 主观性和交互主观性

在言语交际中，一般说，言者是行为的主体、主动者。但是交际中听者的地位同样不可忽视。除少数情况（自言自语），作为交际活动的言语行为，总是需要有听话人的。说者在说"我"时，内心一定存在一个说话的对象"你"。即使是"自言自语"，也是把"自己"当作说话的对象。只有听话的对象明确，说话适合听者的需要，才能实现交际目的，取得预期的交际效果。因此我们认为，说者和听者，是言语行为中普遍存在的两个因素，不可分开。只不过，有时是凸现言者，有时凸现听者，比如祈使句和疑问句中最明显地感到听者的存在，因为说者的意图就是敦促交际双方作出行动和回答。

强烈地聚焦于听者的语言形式，也是语言主观性的体现。这种主观性被称为交互主观性。

按照沈家煊先生的介绍，所谓交互主观性指的是说/写者用明确的语言形式表达对听/读者"自我"的关注，这种关注可以体现在认识意义上，即关注听/读者对命题内容的态度；但更多的是体现在社会意义上，即关注听/读者的面子或者形象需要。

交互主观化和主观化这两种机制的区别是，主观化是意义变得更强烈地聚焦于说话者，而交互主观化使意义变得更强烈地聚焦于受话者[1]。

进一步说，主观性插入语是表达说话者主观性或者交互主观性的语言形式，说话者常常用"我说、我看"来表达自己的观点，用"你说、你看"表示交互主观性。

例如我们前文讲过的"你还别说"，说话人不仅要表达自己的怀疑态度，还要提醒听话人"不要怀疑、不要感到意外、要相信我"。这就是说者为了交际的顺畅而做出的努力，也体现了语言的主观性。

---

[1] 吴福祥. 近年来语法化研究的进展 [J]. 外语教学与研究，2004 (1).

再看几个例子：

(1)"村里用得着一辆大汽车吗？"我又问。
"老王啊，不是我说你，这次你可成了近视眼啦！"老人说着，发出朗朗的笑声；顺手一指大路边上的苹果林：
(2)小蒋，不瞒你说，你目前的处境不妙。在苏联，人们普遍认为你是有国民党背景的共产党。如今回国，又有人说你是有共产党作风。

上述"不是我说你"、"不瞒你说"都是言者为了取得较好的交际效果而采取的聚焦于听者的言语调节措施：提醒听者将要批评他，而其实自己也不愿意批评他；告诉听者，自己和他与很好的关系，不把他当外人。

正因为插入语能够表示主观性，主观性只涉及到言者和听者，即第一人称和第二人称，所以不存在第三人称构成的插入语。

与上述"说"类插入语一样，"看"类、"知"类、"是"等类插入语由于其中心动词存在着与一个主体成分的语义搭配，我们判定，它们都存在着"内在的自我"或者说"言者主语"。因而也都能表示语言主观性。

同样，由于这些语言形式都正在虚化，我们认为，它们正在经历主观化。

7.2 主观性插入语的类型

我们认为，非连接性的插入语表示说话人和符号之间的关系，具有主观性。以上述理论为依据，我们可以把插入语首先分为主观性插入语和交互主观性插入语。

7.2.1 交互主观性插入语

一般是涉及到第二人称构成的插入语。例如：

你听　你看　你瞧　（你）看你　你说　你别说
你还别说　还别说　别说　你的意思是说　你是说
你知道　你不知道　你想　你猜怎么着　你听听　你看看
你看看你　你瞧瞧　你说说　你想想　你想想看　你想
不是我说你　不瞒你说　恕我冒昧

(1) 你想，我找他补课，补课就完了，<u>你猜怎么着</u>，他来了总半天不走，说东说西，说许多满讨人喜欢的话。
(2) <u>不是我说你</u>，你应该先把尺寸量好了再裁。
(3) 在这冒"火"的当口看见一幅标语："二环路施工给您带来不便，请您原谅"。一下我的无名火就到爪哇国去了。<u>您想啊</u>，人家给咱北京造福还跟咱这么客气，咱要再胡挑眼不就没里没面儿四六不懂了吗？
(4) <u>你看你</u>，毛手毛脚的！快找！
(5) 老朝说，<u>看你</u>，一说就没边。
(6) <u>不瞒你说</u>，小时候没上过学，不大识字。
(7) 基福鲁非常自豪地说："小姐，不要说是原始密林，就是整个哈巴里我都熟悉得像是自己的手掌。<u>恕我冒昧</u>，你们到那里去做什么？"
(8) 但又说："国民请愿，不外乎巩固国基，振兴国势，为征求多数国民之公意，自必有妥善之上法。"<u>请看</u>，他是多么"民主"呵，一切决定于"多数国民之公意"。

例(1)中，"你猜怎么着"，是言者对听者的提醒，引起听者注意其后事情发展的结果；(2)"不是我说你"，意思是"原谅我口直"、"如果我说出来,你可别不高兴",提醒对方自己说的话可能会让他感到难堪,表明言者对对方的在意。(3)句中,"您想啊"提醒听者设身处地地为别人考虑一下。(4)(5)这里的"看你"、"你看你"都表示批评和责怪的意思,但又透着和听话人关系的不一般。(6)"不瞒你说"说明言者对听者的态度是坦诚的,不加隐瞒的。(7)是出于礼貌原则,提请听者不要在意言者的态度。(8)用提起注意的口气,表示自己对后续话语的态度。

我们看到,带有交互主观性的插入语,都表示说话人是很关注听话人对自己话语的反应和感受的,要么是提请听话者注意自己的话,例如,"你听、你想、你看、你知道、请看、你猜怎么着";要么是同对方商量,希望对方接受自己的观点,例如,"你说、你说说、你不知道";有的是说话人拉近二者关系的客套话,如:恕我冒昧,不瞒你说";还有些跟说话人的言语行为有关,例如表示说话人对听话人的警告的:"我告诉你";表示辩解的:"你听我说"等等。

拟对话形式的插入语也属于交互主观性插入语。作者模拟面对着一个人(听者)说话一样,很有对象感,也拉近了和读者的距离。例如:

(9)从维护党的威信上说:"先尽着群众"。<u>没错儿</u>,可升级不光是长八九十来块钱的事,它还意味着对一个人的评定!

7.2.2 主观性插入语

参照沈家煊先生对主观性的分类,我们将主观性插入语分为视角类插入语、情感类插入语和认识类插入语。如前文所说,这种分类之间常有交叉。

1) 视角类插入语
表示说话人的观察和评价角度的插入语有：
据说 据调查 据研究 听说 传说 在 A 看来
从 A 来看 对于 A 来说
例如：

(1) 被历代书法家推崇的《兰亭序》，是晋代大书法家王羲之的杰作。该文共二十八行，三百二十四字。<u>据说</u>他当时写《兰亭序》时，用的是蚕茧纸，鼠须笔，写出的字遒媚劲健、婀娜多姿。
(2) 崔先生这 6 年翻 100 倍，<u>在好多人看来</u>，是一个不可思议的事。
(3) 这样的天气起飞，<u>对于飞行员来说</u>，无疑又是一次严峻的考验。

"据研究、据调查、据悉、据传、据说、听说、传说"等表示说话的起点和出发点，是一种说话人的观察问题的角度，为后面核心句的可靠性做出标示，它们也具有传信功能。

"在 A 看来、对于 A 来说、从 A 来看"等插入语，是从 A 的角度或者层面来考虑和判断问题，对核心句的信度增加一定的限定。

2) 表示说话者情感的插入语
这些插入语能够表达说话人的情感和态度。
有的插入语表示说话时的态度和性质，请对方相信。例如：
说正经的 说老实话 说真格的 老实说 凭良心说
严格地说 说句不客气的话 丑话说在前面 恕我直言 不是我说你 极而言之

(1) 说真格的，你到底哥儿几个？
(2) 说实在话，我真不愿意见你父亲，我有点怕他。
(3) 民办学校在 90 年代相当普遍的做法就是收取教育储备金，严格地说这种做法都是违法的，是没有依据的。
(4) 从今天开始，科室人员一律不准打麻将打扑克赌博。说句不客气的话，今后不论是谁，让我发现了，我保证把他开出段机关！
(5) 姑娘一把将那本《水浒传》夺了下来，"说正经的，小林，我妈叫你盖个戳子，买两斤红糖，你办了没有？！"
(6) 中华民族五千年的文明史只有化西方、化外族的经验而没有过被彻底"西化"、"外化"的例子。极而言之，只有在一种情形下，才有泯灭中华民族文化（包括美术）的可能性，那就是民族的灭亡。

有的是直接表达感情的，例如："没想到、谁料到、孰料"表示言者惊奇的感觉，"哪成想"表示言者既惊奇又责备的情感。例如：

(7) 年复一年，我勤勤恳恳地躬耕在祖国的教育园地上，渐渐把他给淡忘了。谁料到，鬼使神差，十年后的今天，竟在故乡植物园里戏剧性地相会。
(8) 约定蝶衣口供：因日本人施以刑罚，才被迫演出。孰料在法庭上蝶衣招供说并未受刑罚，于是全庭哗然。
(9) 他本想把这伢子吓跑算了，哪成想，生性倔强的统伢子不但没跑，反而攥着拳，瞪着眼，像只好斗的小公鸡似的等着他呢。

有的插入语直接表示说话人的感受，例如：

（很）可惜　遗憾的是　可笑的是　糟糕的是　不幸的是　幸运的是　奇怪的是　令人担心的是

(10) 可是，现在因为饮食的正常规律被打乱了，他们的生殖能力减弱了，幼雏的出生率已经逐渐下降。最<u>令人担心的是</u>，他们现在已经处于绝种的边缘。

3) 认识类插入语

说话人的认识包括判断、推理、评价、观点、建议等。这样的插入语有：不用说　甭说　毫无疑问　依我说　照我说　让我说　要我说　我说等等。

发表自己的观点的插入语，例如：

(1) <u>要让我说呢</u>，听评书的人也不是少了，而是听不听无所谓了。
(2) 这里可能反映了今天青年朋友们对音乐生活的某些要求，甚至是包括某些合理成分的要求。但是<u>照我看</u>，这里也反映了一些糊涂观念，或者至少说是对革命歌曲的一些误解。

有的插入语表示说话人估计的结果、推测、推论等，例如：

(1) 过去人对动物的了解比较少，<u>看起来</u>好像动物没有社会组织，但是20世纪的生物学特别是跨学科的社会生物学，发现许许多多的动物都是社会动物。
(2) 托人带给你的茶叶，<u>想必</u>已经收到了。
(3) <u>甭说</u>，你准吃鱼来着，带着味儿就进来了。
(4) 小李几分钟前才给家里打了电话，怎么可能生病住院。

这打电话的人，<u>不用说</u>肯定是一骗子。
(5) 大脑皮层以枕叶、颞叶、顶叶、额叶的次序逐渐成熟，到四岁时，额叶的发育已经基本完成。<u>可见</u>，七岁前特别是五岁前是人的大脑生理发展的关键年龄期。

有的插入语表示说话者的建议，例如：

(6) <u>依我说</u>，你也犯不上生气，他郭春海是英雄，你刘元禄也不是窝囊废，什么事得自己有个打算，是不是玉昌哥？
(7) <u>要我说</u>，每轮中超之后，这流血告状的事儿就别登报了，因为这已经不是新闻了，哪天要是没人流血告状了，那才是新闻。
(8) 不过相信很多人还在眼巴巴地盼着迈克拉伦绝地反击呢，<u>要我说</u>今年就别盼了。

表示说者对事件的整体评价的插入语有：
说来也巧、说来也神　说来也怪

(9) <u>说来也巧</u>，和国际乒联一样，国际汽联为了遏制法拉利也是出台了各种新规则，但也一样的无济于事。
(10) 安小海按照船长给固定的位置，站在船的中间，握着长长的竹篙，警惕左边冰排的袭击。<u>说来也怪</u>，他经过这场大病，倒觉着身上的劲头子增加了，也不觉得晕船了。

说话人觉得其后的事件"很巧"、"很怪"，对此加以评判。"言者主语"仍然存在。但是在句法分析中，这类成分往往被忽略。

7.3 小　结

　　本章我们对占插入语数量最多的"说"类插入语进行了考察，深入发掘了插入语的功能。笔者认为，说到底，插入语是一种表达语言主观性或者交互主观性的语言成分，它们附加在表示理性意义（逻辑意义）的核心句之上，帮助核心句加强、凸现和关注交际的双方：说话人和听话人。对于"说话人"来说，主要是直接通过"我"或者"内在的我"发表自己的观点，表述自己的感情，阐明自己的立场，对事件进行评价等；对于"听话人"来说，为了提高交际的交互性，说者将注意力强烈地聚焦于"听话人"：或者提醒听者注意自己的话，或者同听者商量，希望对方接受自己的观点，或者拉近与听者的关系，或者对听者进行一系列的言语行为：警告、辩解、告白等等。

　　笔者认为，这就是插入语存在的价值。插入语具有主观性功能是我们对插入语的语义的一个总体概括，也是对以往纷繁复杂的语义研究的一个总结。

　　从这个观点出发，我们可以解释为什么插入语不是插在句子中间而仍然被认定为插入语。那就是因为，这些表示主观性的插入语本来就和核心句不在一个表达的层面上，核心句倾向于表达理性意义或者逻辑命题意义，而插入语则代表"言者主语"的存在。这时语言的表达系统不是一个线条性的单层结构，只传达客观事理和信息，而是一个双层的、甚至是多层的立体的表达系统，用于同时传递客观事理和信息以及主观观点和情感。

　　从这个观点出发，我们也能解释，为什么插入语的语表形式那么复杂我们仍然把它们归于一类。由于语言的实体形式言语只能以线性形式存在，表达语言主观性的语言成分就在语境作用不断被压缩,从语表形式上看,就是从表示命题的插入成分,压缩为动词短语,再从动词短语压缩成为固定短语。但是,无论形式如何变化,插入语表达主观性的功能未变,它们就是一类。

　　上述发现还引我们进一步深思。以往的语言研究者都力主以语言为研究对象,建立纯粹的、封闭的微观语言学,他们把语言单位极其关系形式化、模式化、规则化、程序化,尽量避免和含有不可控的语境因素的言语发生接触。这必然会导致对丰富多彩言语现象的忽视,使语言学无法充分解释很多言语现象和言语行为。插入语的研究,让我们认识到,语言研究应该是语言和言语并重,把握言语中使用的规律,就是对语言研究的贡献。

第八章　插入语的语用功能及类别（下）

　　前文谈到，现代汉语中的非连接性插入语是表示主观性的语言形式。我们在第五章已经把连接性的插入语分为两类，一种是后置插入语，一种是前置插入语。我们仍然可以看到，这些插入语的基本功能也是表示主观性。因为不论是前置插入语，还是后置插入语，从语表形式上看还是以"说、看、想、知"类动词为主。从本质上看，言者主语仍然存在，因此，笔者认为，连接性插入语是兼具主观性和连接性功能。为了和前文的分类方法作一区别，我们对这类插入语的分类更倾向于从连接性角度来分。

　　下面我们分头来看这两类插入语，作为具有连接功能的语言成分，它们常常是些什么成分充当，与复句关联词语有什么不同。

8.1 后置插入语的类别

对于后置插入语来说，也就是句间连接插入语，最为典型的形式就是：

X_1+C+X_2

根据插入语的形式和语用功能特点，又可以分为以下几类：

8.1.1 指代性插入语

这类插入语主要通过指示代词以及方位词语（复指词语）来承接上文。

常见的有：

那就是说　这就是说　与此相应　由此可见　由此看来
与此相反　如上所说　如前所说　这样一来　正像 X 所说
正如 X 所说　照这样说来　从以上可以看出　就这样
如上所述　如前所述　如此看来　由此看来　这下　据此
除此之外

这些插入语，通常都含有指代词，因而具有很强的语篇衔接功能。可以表示解释、互参、推论、结果、相反、引用等各种语义关系。例如：

(1) 本届政协委员是 2238 名，其中九届政协委员继续提名的占 49.1%，新提名的政协委员占 50.9%，<u>那就是说</u>一半以上是新面孔，……

(2) 据说有很多老科学家也赶来为孩子们助兴呢，<u>这么说来</u>，今年科技月安排的活动也一定不同寻常吧。

(3) 人员的调整是泥沟镇党委研究决定的并宣布的，与本案被告人泥沟镇人民政府没有任何关系，<u>据此</u>，起诉泥沟镇人民政府没有事实根据，请人民法院驳回原告起诉。
(4) 一个人过得没劲，儿子也不回来，房子卖掉了，卖了6万5千元。<u>这样一来</u>，儿子也干脆离开了他，搬到了母亲家。
(5) 清朝人陆时化说，书画不遇名手装池，虽破烂不堪，宁包好藏之匣中，不可压以他物，不可性急而付拙工。性急而付拙工，是灭其迹也。<u>由此可见</u>装裱技艺的高低关乎书画的存亡。
(6) 他撰写的《小香槟与汽酒生产》一书，是我国第一部关于含汽饮料酒的专著。<u>除此之外</u>，他还发表了30多篇论文，为河南省蜂蜜酒、柿子酒、酸枣酒、龟酒起草了地方企业产品标准。

(1) 是对前文的进一步解释，(2) 是言者的一种推论，(3) 是推论后的结果，(4) 是表示结果，(5) 是表示一种结论。(6) 表示补充。

8.1.2 逻辑性插入语

上面指代性插入语是从语表形式上所作的分类。若从语用功能上看，还有很多插入语主要通过逻辑关系承接上文。

这一类插入语大多形式上独立，也有的是半开放的插入语（如拿A来说），引导的后项跟前项之间有相反、相同、比较、层进、补充、逆转、虚设、解释、预想、总括等各种逻辑关系。

A. 相反：前项和后项之间有相反的关系，或者某些方面相反。常见的插入语有：

反过来说　反之　否则　相反

例句有：

(1) 教育就是生活,<u>反过来说</u>,生活就是教育,生活就是教育本身,生活就是教育目的。
(2) 玩具是大多数孩提时代的快乐天使,给孩子们带来无数的乐趣,可如今在一些小商品市场,这些"天使"并不感到可爱,<u>相反</u>,却摇身变成了面目狰狞的魔鬼,……
(3) 社会道德本身会约束,它有一定的舆论、道德规定,这些虽然是无形的,但在社会中是广泛存在的,<u>反过来说</u>感情这种事在现代社会中变数太大,……

B. 相同:前项和后项之间有相同之处,或者在某些方面有相同之处。表示这种关系的插入语有:
同样 同理 同样的道理 无独有偶 与此相应 同时
例句有:

(4) 这次罕见的演出过后,施特劳斯谐谑地称之为"一种世俗的嘈杂"。<u>无独有偶</u>,事隔九十一年,美国的音乐界又出现了另一桩怪事。
(5) 企业走向市场,政府及主管部门要转变职能,<u>同时</u>要进行机构改革,则是转变职能的重要基础。

C. 比较:前项和后项之间存在相互比较的关系。这种插入语有:
相对来说 相对于X来说 相对说来 相比之下 比较而言 相形之下
例句有:

(6) 北京人对地震并不陌生,六十年代到七十年代的邢台、海城、唐山地震,北京均有明显震感。<u>相比之下</u>,18

日晚的感觉则不算很明显，以至许多进入梦乡的北京人对是夜的三次震动毫无知觉。

(7) 事实上含碳的化合物很多很多，目前已经知道的已达数百万种，而不含碳的化合物 <u>相对来说</u> 却少得多。

(8) 富翁见人家都已添置了摩登家具，看看自己家里，还一件也没有，<u>相形之下</u>，不免寒碜，一个电话打出去，一套摩登家具送来了。

D. 层进：前项和后项之间有时间上、关系上、程度上的进一步关系。

更有甚者　极而言之　极言之　归根到底　进一步说　特别是 A

尤其是 A　确切地说　推而广之　接下来

例如：

(9) 如有的人，口头上诚恳希望其他同志多为自己提意见，但一旦真的提出了，就接受不了。<u>更有甚者</u>，对提意见者打击报复，这都是表里不一的表现。

(10) ……还是对于秋敏有点耿耿罢？那又何必！妇女会不是秋敏一个人的事，你不是替她干；再 <u>进一步说</u>，那也不是梅，你一个人的事。这是比你我她更大的人群的事。

E. 补充：后项是对前项的补充。插入语有：

再者说　再说　再则说　再则　顺便说一下　至于

例句有：

(11) 其实，石玉萍也是经过一番斗争的。留在茶点社，家里反对,连爱人也不支持。再说,茶点社是否能长久还得打问号。但真要离开,她又恋恋不舍。

(12) 它与人一起向海面上游去。为了解脱"友好的"拥抱,用手轻轻拍一拍或者抚摸一下章鱼就够了。它会松开人的。顺便说一下,触腕吸盘中含有的毒素对人是无害的。

(13) 他特别感兴趣的是一些数字和具体事例,至于这些先进工人克服困难、钻研创造的过程,他听都不要听。(王蒙《组织部来了个年轻人》)

F. 逆转:前项和后项之间是转折关系。插入语有:
话又说回来　实际上　遗憾的是　当然
例句有:

(14) 看来最近这欧洲豪门都染上了怪毛病,不但要输球,而且要输得彻底,你皇马净输两个,我 AC 米兰一下子就翻你个倍。不过,话又说回来,这次欧洲冠军联赛让人跌眼镜,一方面有强队状态低迷的原因,但另一方面,我认为更重要的原因是两支处于劣势的球队摩纳哥和拉科鲁尼亚都有一种死拼到底的气势。

(14) 在联合国公布的世界最不发达的国家中,它排名倒数第二位。1978年,饱受贫穷煎熬的尼日尔人,正式制定出一条从基础着手反贫困的发展战略,遗憾的是,20多年过去了,由于政局不稳,天灾人祸,这条发展战略并没有付诸实施。

(15) 陈毅同志从来不隐瞒自己的观点,他在几次群众大会上公开讲:"有的人口号喊得很响,拥护毛主席,实际上不按主席思想办事,别看他把主席语录本举得很高，是真拥护毛主席，还是反对毛主席，我怀疑，我还要看！"

(16) 政协委员脱维善认为，香港前途并不是有些人想象的那样恶劣，<u>当然</u>今后如何继续维护本港的安全，是大家应当共同努力的大计。

G. 虚设：前项和后项之间有假设关系。插入语有：
要不　要不然　要不然的话　退一步讲
例句有：

(17) 熟悉张树林的人都说他是黄土高坡上的"能"厂长。<u>要不</u>，他怎么能在短短的几年时间内，就把原来只有200多名家属工的"五七"制药厂办成了"省级先进企业"……

(18) 她想了想说："三爷死了，谁知道钱在你这儿？就算知道，无凭无据地也不能说要就给。<u>退一步讲</u>，有凭有据，给他就是，犯得着发愁吗？话说回来，他们弄钱容易，不会把几个钱放心里。

(19) 这大概是一盏久经战火与风雨考验的灯，这种灯总是在各种时候给人以希望与鼓励，<u>要不然的话</u>，当年为什么会有那么多的男女青年投入革命的洪流！

H. 解释：后项是对前项的解释。插入语有：
例如A　比如说A　比如A　好比说A　拿A来说　譬如说A
譬如A　如A　析而言之　析言之　具体而言　具体地说
换句话说　换言之　就是说　你是说　即　意思是　简言之
简单地说　这么说吧　确切地说
例句有：

(20) 我觉得这个确实也是一种灵魂或者精神的境界,就是说,看起来这个人就像一个学术界的老头,但是你看他的《个人印象》,他不动声色地描述自己内心的那种感情的暴潮,我觉得这个真的不是很多人可以做得到的。

(21) 渐渐的我们就有一些距离了,简单地说就是共同语言越来越少。

(22) 卖书之余,他还打着为下岗工人和退休工人做股评的幌子,推销很多股评之外的"附加产品",例如股票寻呼机业务、股评的系列 VCD 等等。另外他还成立了自己的投资咨询有限公司。

(23) 他把家安在了伦敦市中心的贝克街,具体说是贝克街221b 号,一个从来就不存在的门牌号。

(24) 将来最理想的就是根据市场来组织生产,例如明年化工就需要 10 万吨海带,渔业合作社就可以根据化工市场的变化,反过来研究养殖市场这一块:质量的提高、品种的改善、产量多少……这样一算,形成良性循环。

(25) 去年,一滴血检测癌症闹得挺热闹,我们在节目里也报道过。确切地说是用 2 毫升血,检测十几种早期肿瘤的迹象。

(26) 我和我所认同的诗人之间却有着一种他们永远也猜不透的关系。这么说吧,那些优秀的诗人从来就是人类所能创造的光辉、不灭的灵魂,他们的存在对我们这些人是一种庇护。

I. 预想:包括预想成为现实和预想失败两种情况。
果不其然　谁知　没想到　哪成想　谁知道　孰料

例句有：

(27) 蜜蜂飞出来叮咬猪，张志川想赶走蜜蜂，<u>谁知</u>蜜蜂转头攻击张志川了。

(28) 上回买了一个大狐狸，<u>哪成想</u>，回家以后它又活过来啦，跑了。

(29) 他对司机说："开车回饭店。我敢打赌，下午他就回来敲我办公室的门儿。"<u>果不其然</u>，让郝贵田说中了。郝贵田坐着车刚回饭店，郝二爷就骑着车出了家门。（刘一达《八珍席》）

(27)(28)都是预想失败的例子，(29)是预想成功的例子。

J. 总结：后项对前文进行总结。此类插入语有：

要而言之　要言之　一句话　一言以蔽之　综上所述　总的来说　总而言之　总起来说　总之　综其所述　综前所述　由此可见　可见

例句有：

(30) 从生产基地抓起，统一的技术要求，最好搞统一的物资供应，农业生产资料的统一供应，同时逐村发展龙头企业，通过龙头企业带动基地生产，质量有了保证再搞注册商标。<u>综上所述</u>，寿光当务之急就是要用合作社、基地、企业等形式将分散的农民组织起来，统一生产标准，在提高质量的同时抓紧进行商标注册，政府按照严格的标准进行检测。

(31) 马克思曾经这样阐述利润："如果有50%的利润，它就会铤而走险；为100%的利润，它就敢践踏一切人间法律；有300%的利润，它就敢犯任何罪行，甚至冒被绞首的危险。"可见利润对商家的吸引力。

(32) 他编织了好多理由，但是好像又总是有相反的理由会把他这个理由抵消掉，所以叫《二十二条军规》嘛，总而言之你是逃不掉的。

(33) 杨洋说："我很瘦，声音不好听，爱干净，不大与人交往，没有能聊得来的异性朋友，没钱，没有手机，没有传呼，不喜欢玩，不会上网，不爱看电视。"总之，杨洋说，想给他找点优点都不太容易。

(34) 唐代著名诗人杜甫在《忆昔》诗中写道："忆昔开元全盛日，小邑犹藏万家室，稻米流脂粟米白，公私仓廪俱丰实。"由此可见唐朝的强大与繁盛。

(35) 美国联邦药物及食品管理局认定脑白金无毒副作用，美国有5000万人服用，但在庭审过程中，原告对此提出异议，被告未能举出证据来证明。综上所述，应认为被告对消费者进行了不实宣传，对消费者构成了误导。

8.1.3 拟对话插入语

这一类插入语通过模仿对话中的答话形式，来承接上文。常见的有：是啊、是的、不错、诚然

例句有：

(1) 记得有人说过：有的人活着，他已经死了；有的人死了，他还活着。是的，黄继光、董存瑞、刘胡兰、雷锋……还有在我们前头牺牲的其他无数先烈的英名，他们的名字和我们的心在一起跳动……

(2) 这一大事为何？就是积极的济度众生。不错，释尊曾经

避世入山,然而他到底出山入世,忍辱数十寒暑,觉悟十方万众。

(3) 时代制约着艺术家,艺术家的创作没有能力改变时代。这是艺术史一再表明了的事实。<u>诚然</u>,从画家个人来说,也并非完全是被动的,也许用了毕生精力都未完成"民族化"的过程……

8.1.4 话轮承接性插入语

语篇依据其交流方式(现场参与情况)可以区分为"单向—独白"和"双向—会话"两大类别。上面对插入语所作的分类,主要涉及书面语,是以"单向—独白"为主的,偶尔也会涉及会话(如人物对话等)。语篇的另一种方式——"双向—会话"属于面对面的口头交际。口头交际的基本程式是轮番说话,简称"话轮",话轮是会话中最基本的结构单位①。指一个会话参与者作为说话人时所讲的"一番话"。一个人说的"一番话"是话轮,两个人分别说的两个"话轮"就组成一个"话对"一般来说,一个话对,一个话题。

笔者考察,有的插入语处于一个话对中,能够承接上一个话轮。这样的插入语有:"这么说、那么说、这样吧、这么着吧、话是那么说"等。例如:

(1)"酒量可以给人增加勇气。"
"<u>那么说</u>,政治家更需要有酒量了?嵇将军,我可没怎么见你喝酒啊。"

---

① S·C·Levinson.语用学论题之四:会话结构 [J]. 国外语言学, 1987 (1). 转引自:吴为章. 新编语言学教程 [M]. 北京:北京广播学院出版社, 1999.

(2) A：虽说是冬月啦，天气还不算冷，再说今天好太阳，我看可以凑合。
B：<u>话是那么说</u>呀，可是没件长衣服，总是不大体面。再说出门也得有辆自行车呀。

(3) 王纯愣了一下，笑了："我爸妈……我到这来还没告诉他们呢。"
谭马释然了："<u>我说呢</u>，看你也不至于那么轻浮。……你写信，我等你。"

(4) 钱子武看了郑震一眼，并没有问他，仍然面朝着吴院长说："<u>这么说</u>，我请来的那位气功大师沈天成也误诊了？"

(1) 中"那么说"承接上面话轮，做了进一步推理；(2) 也承接了上个话轮，但发生了转折。(3) 对上一话轮发表意见。(4) 同 (1) 一样，承接上个话轮，做了推理。上述几个插入语都是紧承着上一个话轮，表达说者的评论和态度。

还有的插入语既承接上一个话轮，也是自己话轮的结束语。这样的插入语有：这么着吧、这样吧。

(5) 郭福记得，去年腊月，他给远志带来几块腊肉，远志说："叔，我家有。<u>这样吧</u>，算我收下，你替我给对门慧觉送去，她万事清淡，又不会做。"

(6) 那个星期六正好是玛丽父母结婚二十周年的纪念日。因此玛丽打算请他们在城里吃一顿中国菜。可是星期六下午正好有一场足球赛，爸爸说来墨尔本非看一次澳式足球赛不可，那怎么办呢？玛丽建议说："<u>这样吧</u>，要是你们不觉得太累，那么看了球赛以后直接去饭馆，怎么样？"爸爸回答说："没问题。"

"这样吧",既承接了上一个话轮,又有结束这一话轮的意思。话语中这样表示承接上个话轮的插入语还有哪些,这还有待进一步考察。

8.2 前置的插入语的类别

这些插入语和核心句组合以后,还需要有后续的句子,好像提起下文一样。有这样一些类型:
A. 按理说 按说 照说 照理说 看起来
B. 常言说 常言说得好 俗话说 有道是
C. 说起 关于 要说 提起 论起 所谓

A 类是带有转折之意的插入语,这些插入语和核心句组合以后,后面往往有相应的表示转折的句子。例如:

(1) 上蔡县法院的查封手续不完备,按理说,房产部门完全有理由拒绝受理,但实际情况是龚淑萍觉得手续还算符合要求,便把它们接收了。
(2) 现在是早上 8 点半,照理居民楼应该是出门去上班的人多,而这儿呢,恰恰是进门的人多。

B 类是引语式的插入语,类似于文学上的比兴用法;

(1) 常言说"天有不测风云,人有旦夕祸福",有时你没招谁惹谁,这不幸自己就找上门来。
(2) 赵书记觉得时机已经成熟,乘机出来打圆场,"常言说得好,两虎相争,必有一伤。归根结底,还是以和为贵。"

（3）有道是"病从口入"，一个细菌下肚，带来的后患无穷，而且影响的还不仅是一个人、一个家庭，也许还是一大片。

C类常常用于提起话题。例如：

（1）要说像大爷大妈这么大岁数的，应该出去逛逛公园，在家看看电视呀，可这些大爷大妈不但来网吧，而且还对上网津津乐道的呢。
（2）说到吉林，人们会和汽车、煤炭、粮仓、重工业基地联系在一起。

对于"要说"的提起话题的功能，孟琮先生早就论述过：

"要说"是"说起"的意思。要的原意是"要是"、"假使"、"如果"等，在这里表示交涉的意思已经很弱。[①]

表示语篇开头的插入语"话说"也类似于提起话题。

8.3 小　结

以上考察可见，连用的插入语具有连接功能，它们常用的连接手段是：指代词语、逻辑关系、拟对话形式和话轮承接等。当然，上述的分类也有交叉，比如指代性的插入语，也表示逻辑关系，它们还能进入会话结构中，成为表示话轮承接的插入语。比

[①] 孟琮. 口语"说"字小集 [J]. 中国语文，1982（5）.

如"除此之外"既有指代词语，又包含补充关系；"这么说"既是指代性插入语，又是承接话轮的插入语。

我们看到，插入语也能表达一定的逻辑关系，但是它们和复句关系词语还是有区别的。复句关系词语表示因果、转折、并列等逻辑关系①，是一种客观的逻辑关系。而插入语引导的后项跟前项有相反、相同、比较、层进、补充、逆转、虚设、解释、预想等更为复杂的各种关系。更重要的是，插入语中都存在一个"内在的自我"，表达主观性。

在形式上，很多插入语和复句关系词语能够共现。又可分为三种情形：

A. 有的插入语是高层连接成分，而复句关系词语是下一层的连接成分。例如：

(1) 所以此种铸币呈金黄色，制作也精美。后来多有仿者，但铜质都较差，制作也粗糙。| 顺便说一下，因为罗汉钱在民间被视为一种吉祥物，或定情，或生子所用，‖ 于是人们以为凡康熙钱均为罗汉钱，这是一种误解。

(2) 这期间，原告多次催要欠款，‖ 但被告却以种种借口拒不付款，其行为违犯了合同约定，给被告造成了经济损失的事实很清楚。| 据此，原告请求法院依法判被告偿还原告广告费、违约金、诉讼费，追缴欠款，‖ 以维护原告的合法权益。

---

① 邢福义. 汉语复句研究 [M]. 北京：商务印书馆，2002.
把复句的关系类别分为三大块：因果（包括因果句、推论句、假设句、条件句、目的句）、并列（包括并列句、连贯句、递进句、选择句）、转折（包括转折句、让步句、假转句）。即复句三分体系。

这两句中，插入语"顺便说一下"和"据此"都是高一层的主观性成分，表示未出现的言者对事实的补充、推论。

B. 有时复句关系词语是高层的连接成分，而插入语则处于下一层成分。

(3) 假设原子有一座十层大楼那样大，那么原子核却只有一个樱桃那样大。｜<u>因此</u>，<u>相对来说</u>，原子里有一个很大的空间。

(4) 官复原职以后，他们当然都不再傻了，拼命地要把过去因为傻而失去的东西捞回来。｜<u>不过</u>，<u>平心而论</u>，他们也没有做出什么违法乱纪的事情，因为我们某些"法"、"纪"本身，就具有很大的伸缩性。

这两个例子中插入语都是下一层的，而且是非连接性插入语。句与句间的连接靠的是复句关系词语。"内在的自我"仅出现在其中某个分句之中，表示对某个命题的评判和主观感情。

C. 有时，连接性插入语还能和复句关系词语连用。例如：

(5) 你这几天和贾先生打得火热，警察署已有耳闻。姓贾的一定得被抓走了；你呢，我总想把你摘脱出来。<u>可话又说回来</u>，现在你得答应我，从今以后，回心转意，和我一起过日子。

(6) 五四时期，西方的各种思潮，包括性价值观念，开始传入中国。这期间，固然有马克思主义的逐步传播，<u>但相对说来</u>，资产阶级的性道德观念影响似乎更大些。

连接性插入语既有关联功能又有主观性功能，笔者认为，这就是它们被认为是插入语，而不是关联词语的原因吧。

第九章 插入语的来源初探

9.1 前人综述

关于插入语的来源,没有人专门论述,但是我们在前贤们的著作中能看到一些踪迹。

《语法修辞讲话》,试着解释插说的来源,但只有简单的一句话:"把一个句子的结构打断,插一句话进去,从前也有这种句法,但是不大常用。近来这种句法多起来,是受了外国语法的影响。"[①]

早在上个世纪 60 年代末,赵元任先生就在介绍连词时,提到一类弱化了的主句。为了清楚起见,我们照单全录:

2.14.4 想好的插入语

想好的插入语,前后都没有停顿,像"他看得出是个学生"

---

① 吕叔湘,朱德熙.语法修辞讲话 [M].北京:开明书局,1951.
　　转引自:叶南薰.复指和插说 [M].上海:上海教育出版社,1985:52.

"他不晓得哪儿去了"。不过这种评语若加在句尾，大多数都是没有想好的事后追补语。

……假如这种解释常常用到，就成了下文所讲的前接附属语或后接附属语了。

2.14.5

"我包你这买卖不赔钱"是一个明显的母子句，其中"我"是总主语，"包"是主要动词，"这……"是宾语分句。要使用跟"包"同义的"担保"来代替，也是一样。但是可轻声可不轻声的"管保"就常常用在夸张话里头，跟"我敢打赌"的意思不相上下，通常说话人用来放在一个分句之前，想把分句的内容的可能性减轻，而不是加强。

……这种主要分句跟附属分句变成连接词的跟主要句的情形，可以跟英文例类似的情形比较"I think that ……"后头是连接分句宾语，而现在已经不用的 me thinks 是个连接词，后头接一个句子。

有一种特别的连接词是从"我想"如何如何一类的分句派生而来的，放在原来宾语分句的开头或者结尾，在这种情形，宾语分句就变成了主要分句，本来的主要分句或母句反而省略成后接附属性的连接词（跟后面的音节连着发音），或前接附属性的语助词（跟前面的音节连着发音）

例子有"总而言之 这就是说、换言之、换句话说、再不就、再不（你就）、恐怕、可能、光景、我想、管保、难道……不成？据说、谁知道、敢情、敢则、结果、回头"[①]。

我们看到，赵先生举例中很多都是插入语。赵先生认为这些特别的连接词曾经是带动词性宾语的高层主谓语（主要小句）。

---

① 赵元任. 赵元任全集：第一卷. 中国话的文法 [M]. 丁邦新, 译. 北京：商务印书馆, 2002：288，685.

由于某种原因，原来的动词性宾语上升为主要句子，而这些高层主谓结构（主要小句）弱化了，成为句法结构之外的特殊成分，赵先生称为"连接词"或者"前接附属语（后接附属语）"，其中包括被我们称为"插入语"的一些语言形式，例如，"总而言之、这就是说、换言之"等等。

我们简单图示如下：

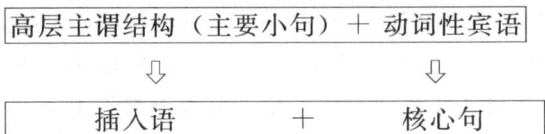

但是赵先生没有说明，除了这种带宾语小句的主句，还有什么样的主要小句会弱化？弱化有什么限制条件？也没有说明它们为什么会弱化？弱化的动因是什么？

几乎和赵先生同时，语法化的大家Givon（1971）提出，"今天的词法曾是昨天的句法"，"今天的句法曾是昨天的章法"。[①]显而易见，赵先生的思想已经包含了语法化的观点。

到了20世纪90年代，另一位学者常玉钟受语境思想的启发，发表了这样的观点：

> 在语言交际中有这样的现象——某人在某些语境中用某一语句表达了某种语用含义，这一个别的暂时的表达方式，可能被其他人仿效，这样，不同的人，多少次的用同一语句，在类似的语境，表达某一相同的语用含义，久而久之，约定俗成，个别的，暂时的表达方式变成了普遍长久的。于是，某一语句在某种语境中的某种语用含义，固定依附于这

---

① 沈家煊．语法化研究综观［M］//沈家煊，主编．汉语语法化研究．北京：商务印书馆，2005．

一语句，与之凝结在一起，变成它的固有含义。[①]

常先生也指出了一个松散的语句弱化为一个习用语的语义限制，要由一般语用含义凝结为固有含义。导致意义发生变化的原因是类似的语境高频出现，弱化的发生机制是高频性。在他所编写的《口语习用语功能词典》中，我们经过全面调查，插入语大约有100多个。

他和赵先生的区别就在于，他认为弱化没有句法上的限制，什么句法结构都可以弱化。

语言的弱化、虚化在传统的中国语言研究中并不是一个陌生的词儿，常被称为"实词虚化"。近年来随着与西方理论的结合，如今这种虚化被称为语法化，重新成为语言学家关注的问题。其中关于话语标记的语法化研究很多涉及到插入语。目前展开的一些汉语话语标记研究也证明了，汉语中一些话语标记是自然话语流中一些高频连用成分的合并和规约化[②]。这个过程又被叫做语法化过程。张谊生证明了"看看"由实义动词发展为插入语，又进一步发展为表示时间频率的副词的语法化轨迹[③]。此外，学者们对大量词语进行了语法化研究。如，"甚至"[④]、"不说"[⑤]、"完

[①] 常玉钟. 口语习用语功能词典 [J]. 北京：北京语言学院出版社，1993.
[②] 董秀芳. 词汇化与话语标记的形成 [J]. 世界汉语教学，2007（1）.
[③] 张谊生. 论与汉语副词相关的虚化机制：兼论现代汉语副词的性质、分类与范畴 [J]. 中国语文，2000（1）.
[④] 周静. "甚至"的篇章衔接功能和语法化历程 [J]. 暨南学报，2004（5）.
[⑤] 李敏. 递进连词"不说"及其语法化过程 [J]. 暨南大学华文学院学报，2005，（2）.

了"①、"我看、你看"②"回头"③、"你知道"④等都经历了语法化的过程。

笔者认为，插入语是语篇中表示主观性和交互主观性的短语或以上单位，在基本语义和高频语境的共同作用下，发生语法化而形成的固定短语。其本质是表示主观性。由于进一步语法化，有的插入语进入连词，具有复句关联词语的特点，如"别说"的连词用法有的化为"话语标记"，在话语中标示话语之间的关系。如"至于"、"话说"。

那么，汉语中哪些句子或者句法成分能够虚化为插入语？它们在什么条件下可以虚化为插入语呢？

9.2 插入语虚化的机制

我们认为，并不是所有的句法结构都能虚化为插入语。前期对插入语的语表形式考察，我们已经看到，插入语的形式总体上呈现出动词性短语占优势的倾向，大多数插入语的中心词都由"说、看、知、想"之类的动词充当。下面是"说、看"类插入语在整个插入语中所占的比例：

类型	说看类	总数	百分比
语表形式为句子	18	39	46%
语表形式为短语	100	124	80%

---

① 李宗江. 说"完了"[J]. 汉语学习，2004 (5).
② 曾立英. "我看"与"你看"的主观化 [J]. 汉语学习，2005 (2).
③ 高增霞. 自然口语中的话语标记"回头"[J]. 中国社会科学院研究生学报，2004 (1).
④ 刘丽艳. 话语标记"你知道"[J]. 中国语文，2006 (5).

续　表

语表形式为词	11	35	31%
语表形式为待嵌结构	27	32	84%

习用的插入语在语表形式上体现出来的强烈倾向，使我们提出下列假设，只有符合以下几项条件的语言形式才能虚化为插入语。

1. 只有带 VP 的主谓结构、连动结构才有虚化的可能，这是句法上的限制；

2. 主谓结构的动词应该是表示言说、感知、思想意义的动词，这是语义上的限制；

3. 如果主谓结构有主语，则应是第一人称或者第二人称的单数，这也是语义上的限制。

为什么存在这样的限制，我们进一步证明上述假设。

9.2.1　虚化的句法结构限制

很多学者都证明了汉语中带 VP 的动宾结构（包括主谓结构）是有着虚化潜力的句法结构，原因在于这个句法结构中有两个动词，以及它们的句法位置发生改变。刘坚、曹广顺、吴福祥论证道：

> 就多数情况而言，词汇的语法化首先是由某一实词句法位置改变而诱发的。……动词通常的句法位置是在"主—谓—宾"格式中充当谓语。在这种组合形式中，充当谓语的动词，一般只有一个，它是句子结构的核心成分，它所表达的动作或者状态是实实在在的。如果某个动词不用于"主—谓—宾"组合格式，不是一个句子中唯一的动词，并且不是句子的中心动词（主要动词）时（如在连动式中充当次要动词），该动词的动词性就会减弱。当一个动词经常在句子中

充当次要动词,它的这种语法位置被固定下来之后,其词义就会慢慢抽象化、虚化,再发展下去,其语法功能就会发生变化,不再作为谓语的构成部分,而变成了谓语动词的修饰成分或者补充成分,词义进一步虚化的结果便导致该动词的语法化①。

上述这段话是从词汇语法化的角度来谈的,但是对我们研究插入语同样有启发和借鉴意义。

他们提到"当一个动词不是句子中唯一的动词,而且不是中心动词时,动词的动作性会减弱。"

插入语的考察让我们看到,由于插入语中的动词多是"说、看、知、想"这一类能带 VP 的动词,插入语存在的句法结构形式就是:

$S_1 + VP_1 + (s_2 + vp_2)$

这个格式中存在两个动词,VP_1 和 vp_2。因此,有虚化的潜力。

开始 V_1 是主要动词,v_2 是次要动词。表意重点本来是在前一个动词上,有时也可以落到后面的 v_2 上,但是,后来由于某种原因(我们将在后面探讨这种原因),表意重点逐渐落到后面的 v_2 上。即:

$S_1 + VP_1 + (s_2 + vp_2) \rightarrow (s_1 + vp_1) + S_2 + VP_2$

另一个具有虚化潜力的结构是连动结构,杨书俊博士论文中证明:

> 类似于"大不了"的"$V_1 + 不 + V_2$"式的三音节

---

① 刘坚,曹广顺,吴福祥. 论诱发汉语词汇语法化的若干因素 [J]. 中国语文,1995(3).

词,……如"说不准"、"说不定"、"保不住"、"保不定"、"差不多"、"怪不得"等等,这些词在单动词句子中,不但意义很实在,而且保留了更多的短语性质,但是当它们进入连动结构后,意义渐渐泛化,短语性质越来越模糊,变得更像是一个词,它们的动词性功能也不断减弱,副词功能逐渐增强。①

那么是什么原因,导致这个高层主谓结构(S_1+VP_1)以及连动结构中"$V_1+不+V_2$"的句法地位一步一步下降,由主要动词变为次要动词,最后被挤出句子的六大成分,沦为附属成分的呢?

9.2.2 虚化的语义限制

仅仅是具有上述的句法结构,也不是都能虚化为插入语的。并不是所有的带动词性宾语的高层主谓结构都能够虚化。看下表:

能构成插入语的有:

	看	说	听	想	知道	主张	认为	建议
第一人称单数	+	+	−	+	−	−	−	−
第一人称复数	−	−	−	−	?	−	−	−
第二人称单数	+	+	+	+	+	−	−	−
第二人称复数	−	−	−	+	?	−	−	−
第三人称单数	−	−	−	−	−	−	−	−

"主张、认为、建议"这些动词也能够构成 $S_1+VP_1+(s_2+$

---

① 杨书俊. 现代汉语三音节词语研究 [D]. 2005.

vp_2）的结构，但是却不能虚化为插入语，这是为什么呢？

此外，我们还发现，人称对是否形成插入语也很重要。"你知道、我知道、不知道"算插入语，而"他知道"不是插入语；

"你"＋动词重叠的格式如"你看看、你说说、你想想、你问问、你听听、你瞧瞧"等是插入语，而同样的动词重叠形式变成具体动词，如"你摸摸、你试试、你醒醒"就不是插入语；

还有，"看起来、听起来、算起来"被人公认是插入语，而同等结构的"闻起来、摸起来"却不是插入语。

我们认为，"$S_1＋VP_1＋（s_2＋vp_2）$"结构中$S_1＋VP_1$能够虚化为插入语，与谓词V_1的语义特征，以及整个$S_1＋VP_1$形式发生了主观化有关。

主观化则是指语言为表现语言的主观性而采用相应的结构形式或经历相应的演变过程。

Traugott（1999c，2000b）强调主观化是语法化的一个重要机制，语法化中的主观化主要表现在如下几个方面：

由命题功能变为言谈功能；

由客观意义变为主观意义；

由非认识情态变为认识情态；

由非句子主语变为句子主语；

由句子主语变为言者主语；

由自由形式变为黏着形式。①

下面我们分别阐述。

首先，谓词V_1发生了转域，它们从具体动作义转为表示观点看法的主观意义。我们前文已经证明"说、看、想、知"这些动词V_1逐渐失去了原来作为具体实义动词的范畴特征和语法功

---

① 沈家煊．语言的主观性和主观化［J］．外语教学与研究，2001（7）．

能,成为表示主观性的语言成分。它们皆由行域的实义动词转为知域表示观点、看法的成分或言域的成分①。

李明(2003)研究汉语言说动词向认知动词引申的问题,认为这一引申遵循言说义——认为义——以为义的路线。并且认为言说义＞认为义＞以为义的过程,是词义一步步主观化的过程②。董秀芳(2003)也阐述过言说义动词有主观化的倾向③。

语料显示,大部分插入语的动词是"看"、"说"类,而且在表示主观性上,这两类插入语有时意义非常接近。

我看——我说

> 妈妈说:"成天防空洞的门也不知要进出多少次,我看哪,还是在河那边找间房子,搬过去住吧!"
> "怎么,想抱孙子?"张志明说:"我看先别忙吧,公司快分房子和煤气灶了。等你分到后,我亲自送你回老家!"
> 有一位和江嘉良关系很好的领导在巴塞罗那见到江嘉良时说:"世界上有大混、中混、小混,我看你是中混……"这毫无疑问是个玩笑,但又"别有一番滋味"。

这里的"我看"都可以换为"我说"。

你看——你说

> 谁想到今天《东方体育日报》刊登薛立主席的声明:我没有和阎世铎拥吻,我只是拥吻了队员!你看搞了半天,根

---

① 沈家煊.复句三域"行、知、言"[J].中国语文,2003(3).
② 李明.试谈言说动词向认知动词的引申[M]//吴福祥,洪波,主编.语法化与语法研究(一)[M].北京:商务印书馆,2003.
③ 董秀芳."X说"的词汇化[J].语言科学,2003,2(2).

本就没有这回事!

　　然后东东说:"你看,我什么好事儿都没捞着,还背一黑锅。"

　　威廉是那种玩命工作的人,你的朋友都说:"你看,威廉他赚这么多钱干什么?他又不去夜总会,又不穿名牌,又不谈恋爱,每天只吃一顿饭,简直不是人过的日子,没人能过得了这种日子。"

这里的"你看"都可以换为"你说"。
同类情形还有:

总的来看——总的来说	再则看——再则说
照理看——照理说	一般来说——一般来看
这样说来——这样看来	相对来说——相对来看
反过来说——反过来看	要我说——要我看
就……来说——就……来看	从……来说——从……来看

相对于……来说——相对于……来看

这说明"说"和"看"这两类词具有语义上的共同点,它们多用来表示主观看法,属于知域,所以很多情形下可以通用。

这样,我们就能解释"我认为"、"我主张""我建议"等能带 vp 的主谓结构不能成为插入语的原因,因为它们的动词没有转域,也就是还没有发生主观化。

同理,"动词+起来"的格式中,只有涉及到实义动词发生转域,已经主观化的,才能成为插入语。例如:

看起来	看来	听起来	听来
算起来	算来	想起来	想来
看上去	听上去		

而其他动词构成的这种格式皆不可以成为插入语,因为这些动词也没有发生主观化。例如:

这梨闻起来很香。
这香蕉吃起来很甜。
这件衣服摸起来手感很好。

  为什么只有表示言说、感知、思想类的动词才能虚化，笔者猜测，这是因为"看"、"说"、"知"、"想"是人类处理世界的几种基本方式，"看"是感觉世界的方式，"说"是表达世界的方式，"知"是感知世界的方式，"想"是思考世界的方式。人们主要通过这四种方式表达对世界的看法，因此，这四个常用动词就容易发生虚化，成为表达主观性的语言形式。

  第二步，主语为第一人称和第二人称更强化了 S_1+VP_1 的主观性。语篇结构的最基本要素就是说话人"我"和听话人"你"。整个格式由于长期表示主观性，高频出现，在交际语境的作用下，发生了主观化，凝结为一个整体。第三人称不能充当插入语，就在于"他"不涉及主观性。

  董秀芳（2007）也认为动词"说"和第一人称、第二人称结合以后，不表示动作意义，而开始表示一种说话人的推断、认知、态度等个人看法，属于一种认识情态（epistemics）。所谓认识情态，是以主观行为特征的，关系到对命题的信仰、知识、真实性等问题，以及说话人对其所说的话的坚信态度[①]。

  杨书俊（2005）证明了"$V_1+不+V_2$"结构（说不定、说不好）能够虚化的原因也是语义的主观性：

  "$V_1+不+V_2$"……能够虚化的，在语义上都呈现出

[①] 董秀芳. 词汇化与话语标记的形成 [J]. 世界汉语教学，2007 (1).

一种共同的语义倾向，即它们都含有对已发生或未发生事情的一种猜测或是某件事情出现了一种出人意料的结果，出乎说话人的心理预期。

"$V_1+不+V_2$"结构的虚化受意义限制，其实还可以把它与结构相似但意义相反的"$V_1+得+V_2$"结构相比较，就可以看得更为清楚。"$V_1+得+V_2$"结构与"$V_1+不+V_2$"结构大体上是平衡的，一般一个"$V_1+不+V_2$"都有一个相应的"$V_1+得+V_2$"，但是"$V_1+得+V_2$"类结构很难发生虚化，其原因就在于"$V_1+得+V_2$"结构在语义上表示的是对事件的一种真实态度或动作者的能力，不存在有猜测意义，所以它们很难进入语气副词行列，如"说得准"、"说得好"、"保得住"等，它们到现在为止都还更像是一个短语。[①]

综上所述，我们认为，由于插入语的本质功能是表示语言的主观性，正是语言表达的这种内在需要，使 $S1+VP_1$ 成为高频出现的语言结构。高频率的语言结构往往诱发语法语义的改变。[②] 主观性驱动着 $S1+VP_1$ 的形式和意义发生主观化，形成了结构凝固的插入语。也就是说，伴随着主观性的发生，插入语的语义开始虚化，结构开始凝固，用法开始固定，形式开始缩短。

---

① 杨书俊. 现代汉语三音节词语研究 [D]. 2005.
② 陶红印. 从语音、语法和话语特征看"知道"格式在谈话中的演化 [J]. 中国语文，2003（4）.

结　　语

　　研究至此，插入语的面目在我们面前变得越来越清晰。传统的观念中，插入语常常指的是按注性的临时的言语的插入成分，人们也常常把一些无法归入句法成分的语言零碎也纳入其中。这样，插入语就显得越来越复杂，越来越无法把握。因此本书花费了大量的篇幅，首先做了一个划界的工作。

　　首先排除了临时的插入成分和语言的零碎成分，将研究的目标集中于形式已经凝固的语言成分和格式固定的成分。确定了一个插入语表，进一步锁定了研究目标。

　　本书致力解决的难度最大的问题是逐步认清了这些插入语的本质。我们描写了插入语的语表形式和语法分布，探讨了插入语的语用功能和来源，逐渐认定插入语是语言中的一群表示语言主观性的成分，在语境的长期作用下，发生了主观化，使它们逐步凝结成一个形式和意义都虚化的整体，成为具有独特语用句法功能的插入语。插入语在语言中之所以存在，根本是出于语言表达主观性和调节听说双方交际的需求。正是由于这些深层交际的需要造成这些固化格式在语言中以高频出现，从而诱发这些语言成分产生共时语法化。按交际中强调的重点不同，我们将插入语分为主观性插入语和交互主观性插入语。其实两类是相伴而生的。我们认为有连接作用的插入语也兼具主观性功能，它们实质上是主观思想和观点态度的在主观性层面的衔接手段。

我们也认清了插入语的形式特点。从形式上来看，比起结构已经凝固的词来说，插入语的固化程度还没有那么高，因此，人们无法将它们归于任何一类词，更无法将它们放入句法成分。比起结构松散的短语来说，插入语又不能任意拆分。所以，我们将插入语定性为一种语言固化单位。它们是处于动态变化中的语言成分。

我们对插入语未来的发展也作了预测。作为一种动态的语言单位，插入语有进一步发展为词的可能性，根据它们承担的表达主观性和连接语篇的语用句法功能来假设，它们未来发展的方向是副词和连词，有的还可能是助词。这一点，在董秀芳的《"X说"的词汇化》[①]已露端倪。她认为，词汇化的"不用说、可以说、应该说"等能表示情态；"按理说、一般说、俗话说、老实说"等表达传信功能，也有情态意义，都是副词性的，应该标注为副词。"比方说"等具有连接功能的，也是副词。"别说、更不用说"等具有连词的特征，应该归于连词。

上述观点不乏远见。但是我们预测，更多的插入语将继续保留习用语的特点，在语言中发挥其表达主观性功能。

弄清插入语的本质和特点，这是我们完成的第一个重要任

---

① 董秀芳.X说的词汇化[J].语言科学，2003，2（2）.

务；此外，我们还为插入语建立了一个较为完整的初步的研究框架。以往的插入语研究缺乏整体的建构，使这项研究一直未有突破。本文从语表形式、语法分布、语用功能三个层面上构架了插入语研究的整体框架，使这项研究来有了较为明确的方向。

具体来说，今后我们研究插入语可以从以上三个方面继续深入。

插入语的语表形式：某些语言中常见的套话，例如"我们知道"、"若知……如何，且听下文分解"等等。这些已经固化的语言算不算是插入语？还有哪些形式是插入语？哪些插入成分的形式会进一步凝固？哪些插入语将要进入词？这些都是我们今后关注的内容。但有一点要强调：那就是插入语是一个开放的系统，一直处于变化之中。

插入语的语法分布：插入语和核心句之间存在什么样的语义关系？插入语和核心句之间有没有功能的限制？即什么样的插入语能和陈述的核心句组合，什么样的插入语必须和疑问的核心句连用？深入细致的研究，对于自然语言的计算机处理和对外汉语教学具有重要指导意义。

插入语的语用功能：我们虽然认清了插入语的总体功能，但是具体到每一个插入语，情况又很复杂。大量的语料分析显示，每一个插入语的语用功能都各有特点，甚至一个插入语还有多种语用功能。比如"要说"：

要说主意，人主意比咱大。
要说呀，咱不如人家那蕾丝有涵养。

两个"要说"显然功能不一样。这就须要进一步总结。因此,编写一部《插入语功能词典》很有必要。

此外,插入语和语体之间的对应关系,什么样的语体倾向于使用什么样的插入语,等等涉及到插入语的运用问题,也是值得努力的方向。

由于时间和精力所限,加上个人能力所限,这些进一步的工作遗憾地只能留待以后。

参 考 文 献

1. 陈继红. 插入语表达效果小议 [J]. 张家口师专学报, 2001 (5).
2. 陈前瑞. 汉语内部视点体的聚焦度与主观性 [J]. 世界汉语教学, 2003 (4).
3. 陈作宏. 对外汉语教学中的插语教学 [J]. 云南师范大学学报. 对外汉语教学与研究版, 2003 (11).
4. 陈淑梅. 毛泽东著作中的括入式插说. 载：邢福义主编. 毛泽东著作语言论析 [M]. 武汉：湖北教育出版社, 1993.
5. 储泽祥, 曹跃香. 固化的"用来"及其相关的句法格式 [J]. 世界汉语教学, 2005 (2).
6. 董秀芳. "X说"的词汇化 [J]. 语言科学, 2003, 2 (2).
7. 董秀芳. 词汇化与话语标记的形成 [J]. 世界汉语教学, 2007 (1).
8. 范晓. 三个平面的语法观. 北京：北京语言学院出版社, 1996.

9. 冯光武．汉语语用标记语的语义、语用分析［J］．现代外语，2004（1）．
10. 高增霞．汉语担心：认识情态词"怕""看""别"的语法化［J］．中国社会科学院研究生院学报，2003（1）．
11. 高增霞．从非句化角度看汉语的小句整合［J］．中国语文，2005（1）．
12. 郭绍军．现代汉语中的弱断言谓词"我想"［J］．语言研究，2004（6）．
13. 胡附，文炼．句子分析漫谈．中国语文，1982（3）．
14. 胡裕树．现代汉语．重订本．上海：上海教育出版社，2002．
15. 胡壮麟．语篇的衔接和连贯［M］．上海：上海外语教育出版社，1994．
16. 胡壮麟．语言化研究的若干问题［J］．现代外语，2003（1）．
17. 华劭．语言经纬［M］．北京：商务印书馆，2003．
18. 黄伯荣，廖序东．现代汉语．增订三版［M］．兰州甘肃人民出版社，2002．
19. 黄大网．话语标记研究综述［J］．福建外语，2001（1）．
20. 黄国文．语篇分析的理论与实践：广告语篇分析［M］．上海：上海外语教育出版社，2001．
21. 姜宏．插入语在言语交际中的功能［J］．外语研究，2001（4）．
22. 杰弗里·利奇．语义学［M］．上海：上海外语教育出版社，1987．
23. 李杰．试论现代汉语状语的情态功能［J］．甘肃高师学报，2005（1）．
24. 李晋霞．"好"的语法化与主观性［J］．世界汉语教学，2005（1）．
25. 李敏．递进连词"不说"及其语法化过程［J］．暨南大学华文学院学报，2005（2）.
26. 吴福祥，洪波. 语法化与语法研究（一）[J]. 北京：商务印书馆，2003.
27. 李宇明. 语法研究录[M]. 北京：商务印书馆，2002.
28. 廖秋忠. 廖秋忠文集[M]. 北京：北京语言学院出版社，1992.
29. 刘虹. 会话结构分析[M]. 北京：北京大学出版社，2004.
30. 刘坚，曹广顺，吴福祥. 论诱发汉语词汇语法化的若干因素[J]. 中国语文，1995（3）.
31. 刘月华. 对话中"说想看"的一种特殊用法[J]. 中国语文，1986（3）.
32. 刘月华. 实用现代汉语语法. 北京：商务印书馆，2001.
33. 陆俭明，马真. 现代汉语虚词散论[M]. 北京：北京大学出版社，1998.
34. 吕叔湘. 现代汉语八百词. 北京：商务印书馆，1984.
35. 马国凡，高歌东. 惯用语[M]. 内蒙古人民出版社，1982.
36. 马建忠. 马氏文通[M]. 北京：商务印书馆，2002.
37. 马清华. 汉语语法化问题的研究[J]. 语言研究，2003（2）.
38. 马真. 现代汉语虚词研究方法论. 北京：商务印书馆，2004.
39. 孟琮. 口语"说"字小集[J]. 中国语文，1982（5）.
40. 牛保义. 复句语义的主观化研究[J]. 外国语言文学研究，2005（4）.
41. 彭宣维. 英汉语篇综合对比[J]. 上海：上海外语教育出版社，2000.
42. 冉永平. 话语标记语的语用学研究综述[J]. 外语研究，2000（4）.
43. 邵敬敏. 现代汉语通论[M]. 上海：上海教育出版

社，2001.
44. 沈家煊. 实词虚化的机制 [J]. 当代语言学，1998（3）.
45. 沈家煊. 语用法的的语法化 [J]. 福建外语，1998（2）.
46. 沈家煊. 语言的主观性和主观化 [J]. 外语教学与研究，2001（7）.
47. 沈家煊. 复句三域"行、知、言" [J]. 中国语文，2003（3）.
48. 沈家煊. 语法化研究综观 [M]. 汉语语法化研究. 商务印书馆，2005.
49. 沈家煊. 现代汉语语法的功能、语用、认知研究 [M]. 商务印书馆，2005.
50. 沈家煊，吴福祥，马贝加. 语法化与语法研究（二）[M]. 北京：商务印书馆，2005.
51. 沈开木. 句段分析（超句体的探索）[M]. 北京：语文出版社，1987.
52. 束定芳. 中国语用学研究论文精选 [M]. 上海：上海外语教育出版社，2001.
53. 司红霞. "说"类插入语的主观性初探 [J]. 语言文字应用，增刊，2006.
54. 孙朝奋. 虚化论评介 [J]. 国外语言学，1994（4）.
55. 索振羽. 语用学教程 [M]. 北京：北京大学出版社，2000.
56. 陶红印. 从语音、语法和话语特征看"知道"格式在谈话中的演化 [J]. 中国语文，2003（4）.
57. 王力. 中国现代语法 [M]. 北京：商务印书馆，1945，1985.
58. 王力. 汉语史稿 [M]. 北京：中华书局，1956，2004.
59. 王寅，严辰松. 语法化的特征、动因和机制 [J]. 解放军外国语学院学报，2005（4）.

60. 吴为章. 新编普通语言学教程 [M]. 北京：北京广播学院出版社, 1999.
61. 吴为章, 田小琳. 汉语句群 [M]. 北京：商务印书馆, 2002.
62. 邢福义. 汉语语法学 [M]. 长春：东北师范大学出版社, 1997.
63. 邢福义. 汉语复句研究 [M]. 北京：商务印书馆, 2002.
64. 邢福义, 姚双云. 连词"为此"论说 [J]. 世界汉语教学, 2007 (2).
65. 邢红兵. 现代汉语插入语研究. 语言工程 [M]. 北京：清华大学出版社, 1997.
66. 徐赳赳. 关于元话语的范围和分类 [J]. 当代语言学, 2006 (4).
67. 杨子仪. 试论古代汉语的插入语 [J]. 宁夏大学学报（社科版）, 1982 (1).
68. 叶南熏原著, 张中行修订. 复指和插说 [M]. 上海：上海教育出版社, 1985.
69. 于国栋, 吴亚欣. 话语标记的顺应性解释 [J]. 解放军外国语学报, 2003 (1).
70. 张伯江. 认识观的语法表现 [J]. 国外语言学, 1997 (2).
71. 张成福, 于光武. 论汉语的传信表达 [J]. 语言科学, 2003, 2 (3).
72. 张登岐. 独立成分的形式、位置等刍议 [J]. 北京大学学报, 1998 (4).
73. 张福荣. 关联理论对插入语语用价值的研究 [J]. 江西教育学院报・社会科学, 2003 (5).
74. 张静. 汉语语法问题 [M]. 北京：中国社会科学出版社, 1987.

75. 张亚军．语气副词的功能及其词类归属［J］．扬州大学学报，2005（9）．
76. 张谊生．论与汉语副词相关的虚化机制：兼论现代汉语副词的性质、分类与范畴［J］．中国语文，2000（1）．
77. 赵元任．汉语口语语法［M］．吕叔湘译．北京：商务印书馆，1979．
78. 赵元任．赵元任全集．第一卷，中国话的文法［M］．丁邦新译．北京：商务印书馆，2002．
79. 赵元任．A grammar of spoken Chinese［M］．University of California Press Berkley and Los Angeles，1968．
80. 郑贵友．"加线式插说"浅议［J］．世界汉语教学，1999（2）．
81. 郑贵友．关联词"再说"及其篇章功能［J］．世界汉语教学，2001（4）．
82. 朱岩．关联助词语法化初探［J］．青海大学学报，2004（6）．
83. 现代汉语词典．增订本［M］．北京：商务印书馆，2002．
84. 现代汉语词典［M］．北京：商务印书馆，2005．
85. 应用汉语词典［M］．北京：商务印书馆，2000．
86. 语言学和语音学基础词典［M］．北京：北京语言学院出版社，1992．
87. 沈家煊译．现代语言学词典［M］．北京：商务印书馆，2000．
88. 常玉钟．口语功能词典［M］．北京：北京语言学院出版社，1993．
89. 张涤华，胡裕树等人．汉语语法修辞词典［M］．合肥：安徽教育出版社，1988．
90. 杨书俊．现代汉语三音节词语研究［D］．华中师范大学，2005．
91. 李亚南．现代汉语插入语研究［D］．东北师范大学，2006．

92. Halliday, M. A. K & cohesion in English, Longman, 1976.
93. John. Rupert. Firth, Personality and Language in society [M]. Oxford Vnivesity Press, 1950.
94. S. C. Levinson, Pragmatics, Combridge Vniversity Press, 1983.

附录：

插 入 语 表

按理	可谓	我看
按理说	可以说	我没说吗
按说	老话说	我怕
甭说	老实说	我说
比较而言	例如	我说吧
比如	令人担心的是	我说嘛
比如说	没成想	我说呢
别不是	没错儿	我想
别是	没说的	无独有偶
别说	明摆着	无独有偶
不错	明说了吧	毋庸讳言
不料	拿……来说	析而言之
不瞒你说	哪成想	析言之
不然的话	哪想到	狭义地说
不是我说你	那就是说	现在看来
不想	那么说	相比之下
不消说	你不知道	相传、

不言而喻	你猜怎么着	相对来说
不用说	你还别说	相对说来
常言说	你看	相对于……来说
常言说得好	你看看	相反
诚然	你看看你	相形之下
充其量	你瞧	想当初
为此	你瞧瞧	想当年
除此之外	你说	想来
传说	你说说	想想看
此外	你听	严格地说
从……看	你听听	眼看着
从……可以看出	你想	要不
从……来看	你想想	要不然
从……来说	你想想看	要不然的话
从……中看	你真还别说	要而言之
当然	您看	要叫我说
对……来说	您看看	要论我说
对于……来说	您想	要说
反过来说	譬如说	要我看
反之	平心而论	要我说
泛泛而说	请看	要言之
否则	怕是	要知道
更有甚者	确切地说	一般来说
广义地说/讲	让我看	一般说来
归根到底	让我说	一句话
果不其然	如	一言以蔽之
好比说	如……所述	依我看
话是这么说	如此看来	依我说
话说	少说	依我之见
话又说回来	实际上	遗憾的是

还别说	实际上是	引人注目的是
换句话说/讲	实质上	应当说
换言之	实质上是	用你的话说
极而言之	事实上	尤其是
极言之	事实上是	由此可见
简单地说	是的	有道是
简而言之	孰料	于是
简言之，	恕我冒昧	原来如此
进一步说	谁料	再说
久而久之	谁料到	再者说
就……来讲	谁想到	怎么说
就……来看	谁知	照理
就……来说	谁知道、	照理说
就是说	顺便说一下	照说
具体地说	说白了	照我说
据……观察	说不定	照这样说来
据……报道	说到	这般如此
据……调查	说到底	这么说
据……记载	说句不怕丢人的话	这么说吧
据……说	说句不客气的话	这下
据报道	说来	这样啊
据传	说来也怪	这样吧
据此	说来也巧	这样一来
据调查	说来也神	真可谓
据观察	说老实话	正如
据记载	说良心话	正如……所说
据说	说实在的	正像……所说
据闻	说是	众所周知
据悉	说心里话	综前所述
据称	说真的	综上所述

看看你	说正经的	总的来说
看来	俗话说	总而言之
看你	算来	总起来说
看起来	算起来	总体看
看上去	特别是	总体上看
看样子	天晓得	总体上说
可不	听说	总之
可不嘛	往少了说	退一步讲
可见	往多了说	
可谓		
可也是		

后　　记

　　这本书是在我的博士论文《现代汉语插入语研究》(2007)的基础上修改而成的。

　　完成博士论文就是一次艰难的历程，写成书稿，更是一场与自己的耐心、毅力的较量。

　　不知有多少次面对论文一筹莫展，总是对自己说，算了吧，等等吧，逃避放弃的念头起起落落多少回。

　　没想到自己竟然会走到这会儿，终于写完了全文，写完了结语，开始排版、编校……

　　面对它，我惶惶大于欣喜。

　　我知道，它不仅仅属于我自己。

　　它属于我的导师李宇明先生，从博士论文的选题到书稿的成型，每走一步，都有李老师的点拨、运筹，经常在山穷水尽之时，听到李老师的教诲，于是又开始柳暗花明。李老师对插入语研究的整体把握，对论文的走向，起着至关重要的作用。在本书写作过程中，我常常回想李老师利用周末组织我们博士生一起在商务印书馆的讨论,如今书中的一些观点都得益于李老师提出的建设性意见。本书所依据的国家语委语料库,也是李老师提供的。有的插入语,还是李老师亲自补充上去的。书稿出来以后,李老师细细挑出摘要中的不当之处,嘱我按此方法认真修改。更让我感动的是,李老师还在百忙之中为本书作序,对一个初涉学问之路的学子寄予了殷殷希望,给予我莫大的鼓励。

对于资质愚钝的学生,李老师用宽厚的心怀、高尚的品格、深厚的理论学养点化着我。

它属于我敬爱的师母白丰兰女士。每当我沮丧灰心之时,她对人生乐观进取,从不放弃的精神都会使我重新鼓起勇气,丢掉怨天尤人,丢掉偷懒松懈,继续扎进书稿寻寻觅觅。

它属于我的爱人柳其许先生,他说"你只要努力,最后总能干成的,你有这个能力"。让不太自信的我,对自己有了信心。他在生活上、精神上给我的支持是书稿成型的坚实保障。

就在本书即将完成之际,我的硕士生导师吴为章先生溘然长逝。先生一生为学严谨,为人宽厚,是她把我引入学术之门,又默默地扶持着我,走了一程又一程。我原来以为,我会一直生活在她慈母般温和的目光之中,所以至今也不愿面对失去她的现实。在校园走过时,常常奢望能与她不期而遇。有时痴想:若是吴老师还在,看到我的书,她会作何评点?如今天人两隔,此中的哀伤无法言表。虽然写作此书投入精力不少,但是自知驽钝,唯望这本小书能作为恩师为我付出心血的回报,让她的在天之灵能有一些欣慰。

它属于关心我、爱我的父母、师长、同学、朋友和同事。

我年迈的父母在我几次生病中千里迢迢到北京照顾我;

休斯顿大学的温晓虹教授为我的专心写作提供了良好的环境;

读博和写书期间,于根元教授、李佐丰教授、袁晖教授、李大勤教授，对我不倦的教诲和引导，让我感受到学界长者的温暖。还有未曾谋面的北京语言大学的邢红兵教授，无私地将他的研究成果发给我，给了我很大的启发。

我的师姐玉华、师妹梦娟、艳华以及其他师兄弟们，他们和我的讨论和辩难开阔了我的思路，促我做更深入的思考；

播音主持艺术学院的安娜小师妹、吴继嫒同学为我提取语料付出了大量宝贵的时间和心血。

我还要感谢东北师范大学出版社的魏芳华老师，她高效的工作、热心的扶持保证了本书的顺利出版。

回望过去，我感激所有的人，忘不了他们在生活中、学术中给予我的点点滴滴。

也许，从它开始，我会对学术、人生有新的态度。

这将是一个新的起点。

司红霞
于北太平庄